诗
想
者

HIPOEM

鲁迅草木谱

薛林荣 著

GUANGXI NORMAL UNIVERSITY PRESS
广西师范大学出版社
· 桂林 ·

策 划 人/ 刘　春
责任编辑/ 郭　静
责任技编/ 李春林
装帧设计/ 唐秋萍

图书在版编目（CIP）数据

鲁迅草木谱 / 薛林荣著 . —桂林：广西师范大学
出版社，2020.5（2020.9 重印）
　ISBN 978-7-5598-2683-1

　Ⅰ．①鲁… Ⅱ．①薛… Ⅲ．①鲁迅研究－文集
Ⅳ．①K825.6-53

　中国版本图书馆 CIP 数据核字（2020）第 042079 号

广西师范大学出版社出版发行
（广西桂林市五里店路 9 号　邮政编码：541004 ）
（网址：http://www.bbtpress.com ）
出版人：黄轩庄
全国新华书店经销
广西广大印务有限责任公司印刷
（桂林市临桂区秧塘工业园西城大道北侧广西师范大学出版社
集团有限公司创意产业园内　邮政编码：541199）
开本：890 mm × 1 240 mm　1/32
印张：8　　字数：170 千
2020 年 5 月第 1 版　　2020 年 9 月第 2 次印刷
定价：55.00 元

如发现印装质量问题，影响阅读，请与出版社发行部门联系调换。

林木伐尽，水泽湮枯，将来的一滴水，将和血液等价。

——鲁迅《〈进化和退化〉小引》

目 录

上 卷

下　卷

上卷

童年的四季桂和百草园

（1885年前后）

鲁迅于 1881 年秋天出生在浙江绍兴一个聚族而居的大家族——新台门周家。祖父周福清当时是翰林院编修，后在江西金溪做过知县，是一个严正的清官。祖母姓蒋，是一位慈祥的善于讲故事的老人。父亲周伯宜是读书人，中过秀才。母亲鲁瑞自修获得了能够看书的学力。家里有四五十亩水田，生计殷实，属于小康之家，鲁迅自己都有专门的保姆长妈妈。

在这个周家大宅院里，自然有普通家庭所没有的气象，比如院中有一棵高大的四季桂，鲁迅小时候常在桂树下听祖母讲故事。

鲁迅的祖母蒋氏，是鲁迅父亲的继母，待孙儿们很是和蔼慈祥，特别喜爱鲁迅。她还是一个讲故事的好手。"那是一个我的幼时的夏夜，我躺在一株大桂树下的小板桌上乘凉，祖母摇着芭蕉扇坐在桌旁，给我猜谜，讲故事。"（鲁迅《狗·猫·鼠》）

比如讲关于猫的故事：猫是老虎的师父，教给老虎扑的方法、捉的方法、吃的方法，但没有教上树的本领。老虎想杀掉猫时，猫早知道它的心思了，一跳，便上了树。老虎却只有眼睁睁地在树下蹲着。"这是侥幸的，我想，幸而老虎很性急，否则从桂树上就会爬下一匹老虎来。然而究竟很怕人，我要进屋子里睡觉去了。夜色更加黯然；桂叶瑟瑟地作响，微风也吹动了，想来草席定已微凉，躺着也不至于烦得翻来复去了。"其中"桂叶瑟瑟地作响，微风也吹动了"的描写使人身临其境。此文前半篇完全是杂文笔调，其中以讽刺语气引用的一些话，如"负有指导青年责任的前辈""不好惹"等，都摘自论敌徐志摩、陈西滢的文章。直到后半篇才正式进入回忆序列：夏夜在桂树底下听祖母讲猫和虎的故事，自己如何救下被蛇追杀的隐鼠，以及听说心爱的隐鼠被猫所吃，因而仇猫、打猫的经历等，这些追忆显示出了鲁迅丰富的情感世界，比杂文更加亲切有力。

再比如"水漫金山"的故事：许仙救了两条蛇，一青一白，后来白蛇化作女人来报恩，嫁给了许仙；青蛇化作丫鬟也跟着。有个和尚叫法海禅师，看见许仙脸上有"妖气"，于是就把许仙藏在金山寺的法座后面。白蛇娘娘前来寻夫，于是就"水漫金山"。后来，白蛇娘娘中了法海的计策，被骗装在一个小小的钵盂里，埋在地下。法海还在上面造起一座塔来镇压她，这塔就是竖立在西湖边上的雷峰塔。幼年鲁迅听了这个故事，深为白蛇娘娘抱不平，希望这座镇压白蛇娘娘反抗的雷峰塔快些倒掉。后来，他果然把这个民间故事写在杂文《论雷峰塔的倒掉》中，以此鞭挞那些封建礼教的卫道士。①

---

① 王士菁：《鲁迅传》，中国青年出版社，1959。

特别需要一提的是那个在中国现代文学史上非常著名的后花园——鲁迅笔下的"百草园"。

1926年，辗转流徙到厦门大学的鲁迅心情苦闷，写了一批回忆少年往事的散文，其中《旧事重提之六》回忆的就是这个百草园，发表于1926年10月10日《莽原》半月刊第一卷第十九期。

这篇文章写得舒卷自如，妙趣横生，充满了脉脉温情，读来令人动容。

鲁迅写道：

我家的后面有一个很大的园，相传叫作百草园。现在是早已并屋子一起卖给朱文公的子孙了，连那最末次的相见也已经隔了七八年，其中似乎确凿只有一些野草；但那时却是我的乐园。

不必说碧绿的菜畦，光滑的石井栏，高大的皂荚树，紫红的桑椹；也不必说鸣蝉在树叶里长吟，肥胖的黄蜂伏在菜花上，轻捷的叫天子（云雀）忽然从草间直窜向云霄里去了。单是周围的短短的泥墙根一带，就有无限趣味。油蛉在这里低唱，蟋蟀们在这里弹琴。翻开断砖来，有时会遇见蜈蚣；还有斑蝥，倘若用手指按住它的脊梁，便会拍的一声，从后窍喷出一阵烟雾。何首乌藤和木莲藤缠络着，木莲有莲房一般的果实，何首乌有臃肿的根。有人说，何首乌根是有像人形的，吃了便可以成仙，我于是常常拔它起来，牵连不断地拔起来，也曾因此弄坏了泥墙，却从来没有见过有一块根像人样。如果不怕刺，还可以摘到覆盆子，像小珊瑚珠攒成的小球，又酸又甜，色味都比桑椹要好得远。

长的草里是不去的，因为相传这园里有一条很大的赤练蛇。

接下来写长妈妈给他所讲飞蜈蚣吸美女蛇脑髓的故事，得出的教训是：倘有陌生的声音叫你的名字，你万不可答应他。

鲁迅用他充满了童趣的笔法为现代文学留下了一篇唯美的经典之作，这篇文章被列入中学课本且要求背诵，对几代人的汉语言审美影响极大。鲁迅的"百草园"也成为儿童成长过程中隐秘空间和人间乐园的代名词，这个空间和乐园往往是由植物的形象、色彩和味道构成的，几乎每个人的记忆中都有属于自己的"百草园"以及与某几种植物有关的深刻记忆。鲁迅的描写简洁、精准、传神，他笔下那碧绿的菜畦、光滑的石井栏、高大的皂荚树、紫红的桑椹、长吟的鸣蝉、肥胖的黄蜂、轻捷的叫天子（云雀）、缠络着的何首乌藤和木莲藤、像小珊瑚珠攒成的覆盆子等，是出现在鲁迅童年生命中的草木，生机勃勃，令人心向往之。

皂荚树，也叫"皂角树"，豆科多年生木本植物，落叶乔木或小乔木，高可达30米，枝灰色至深褐色，果实可用来洗涤衣衫，有清香。

桑椹，现多写作"桑葚"，桑树的成熟果实，味甜汁多。《本草纲目》中提到桑葚"令人聪明"。成熟的桑葚质酸甜适

童年的百草园

口，以个大、肉厚、色紫红、糖分足者为佳。

鲁迅描绘的百草园就是儿童在自然环境里的极乐世界，那是充满了颜色和声音的生命世界，就连后面讲到的美女蛇的故事也极具诱惑，阅读时只觉恐怖又生动，而鲁迅拿捏这类文字的功力真是妙至毫巅。"高大的皂荚树""紫红的桑椹"成了可以体现鲁迅草木情结的两个独特意象。

那么现实生活中的"百草园"是什么样子的呢？可以从周作人的视角管窥一二。

周作人著《鲁迅的故家》中，第一部分"百草园"有94篇短文，介绍了东昌坊口、新台门、后园、园里的植物和动物、菜蔬等。据周作人介绍，百草园"实在只是一个普通的菜园，平常叫作后园，再分别起来这是大园，在它的西北角有一小块突出的园地，那便称为小园"。大园的内容包括：南头靠园门的一片是废地，偏东有一个马桶池，右面有一座大的瓦屑堆，比人还高，堆的是一些修房屋剩下的废料，皂荚树就长在这个堆上。左边又是一个垃圾堆，放着四五口粪缸，由家族中人使用，存以浇菜或卖给乡下人的。①

废地、马桶池、瓦屑堆、粪缸，这是典型的大户人家并不光鲜的后园，毫无诗意可言，陈漱渝先生对此评价说："可见鲁迅是从一个孩子的视角，发挥了丰富的想象，才在纸上构筑了一个令人神往的儿童乐园，以反衬私塾生活对儿童天性的扼杀，这就是'史'与'诗'的不同。""史"与"诗"的不同，

---

① 周作人：《鲁迅的故家》，北京十月文艺出版社，2013。

所言极是。但"反衬私塾生活对儿童天性的扼杀",倒也未必。这篇散文是鲁迅 1926 年 9 月在厦门大学图书馆的楼上孤立海滨、与社会隔绝时所作,其回忆旧事时透露出的那种体贴的温柔、含泪的微笑,最是打动人心,从而确立了一个"民间话语空间中的闲聊者的形象"(钱理群)。

小小植物学家

（1890年前后）

鲁迅小时候就喜爱植物。他在绍兴老家新台门内的学堂读书时，业余时间喜欢看"花书"，就是有画的书，如同 20 世纪七八十年代的孩子们看的"小人书"。

鲁迅最初跟着一位远方的叔祖父周兆蓝（玉田老人）读书，从这位老人这里，鲁迅产生了对书籍的兴趣。

"他是一个胖胖的，和蔼的老人，爱种一点花木，如珠兰，茉莉之类，还有极其少见的，据说从北边带回去的马缨花。……这老人是个寂寞者，因为无人可谈，就很爱和孩子们往来，有时简直称我们为'小友'。在我们聚族而居的宅子里，只有他书多，而且特别。"（鲁迅《阿长与〈山海经〉》）

鲁迅在玉田老人的书斋里看见过陆玑的《毛诗草木鸟兽虫鱼疏》，书上印着许多珍禽异兽和奇花异草，成为幼年鲁迅眼里的奇书。鲁迅那时候最爱看的是讲花木栽培的书，如清人陈淏子的《花镜》等："他把《花镜》、《广群芳谱》[1]等书作参考，查考新得来的花草是什么植物，喜欢在盆上插一支短竹签，写上植物的名字。后来，他种的花多了，发觉《花

---

[1] 此处标点按资料原文未做删改。

镜》上也有讲错或讲得不完全的，就在书上加上许多注解，比如《花镜》上说，映山红'须以本山上壅始活'。大哥注解说，这种花'性喜燥，不宜多浇，即不以本山土栽亦活'。这就可见他不是一般的以种花草为消遣，而是由爱好进而在研究植物了。"[1]

此外，鲁迅还读了其他有关花木的书籍，如许霁楼《兰蕙同心录》、王象晋《广群芳谱》等。

百草园的快乐时光是短暂的，后来，鲁迅被家人送往全城中称为最严厉的书塾，告别了他的蟋蟀们，告别了他的覆盆子们和木莲们，去三味书屋上学，老师就是寿镜吾老先生。鲁迅回忆，三味书屋后面也有一个园，虽然小，但在那里也可以爬上花坛去折蜡梅花，在地上或桂花树上寻蝉蜕。最好的工作是捉了苍蝇喂蚂蚁，静悄悄的，没有声音。

关于三味书屋中的草木，寿镜吾先生的次子寿洙邻先生（1873—1961，曾任吉林农安县知县）在《我也谈谈鲁迅的故事》一文中有过精彩的描述：

> 三味书屋，为我家全部房屋中的东配房，坐东朝西，早在前清嘉庆年间，我的曾祖峰岚公，购置此房，占地六亩余，前临小河，架石桥以渡，后有竹园，修竹千竿，坐落地点在绍兴城东廓门内覆盆桥迤西。

---

[1] 周建人口述、周晔整理：《鲁迅故家的败落》，福建教育出版社，2001。

三味书屋门前，有小院落，靠西墙石条横案，上置盆石，簇种小花草，水缸一，供学生笔砚之用，左右廊房各一间，壁上有先祖云巢公手题五言古体诗两首。三味书屋后身，有亭子间一间，上悬匾额"自怡"二字。……亭前小园，左右有百年以上大木樨花两株，干皆合抱，高出屋上荫蔽全园，花时金粟满天，香闻数里，园东南隅有百年以上大天竹一丛，高与屋齐，自为一坞，秋冬结实垂垂，如红豆，如火珠，至为美观。东北隅有百年以上素心蜡梅十余本，高出屋上，大皆拱把，自为一坞。正中为牡丹花坞，左右石条长案各一，上置盆花，大石墩二，各置花瓷缸，各种翠柏一株。南墙根又有藤萝一本，亦百年物。……此为内园，其北花墙一道，中开月洞元门，门额上"月地云谐"四字。……又北有大绣球花一丛，芭蕉数本，秋海棠萱槿等遍地，此为外园。[①]

从寿洙邻先生的描述可知，三味书屋园中的花木包括修竹、大木樨花、大天竹、素心蜡梅、翠柏、藤萝、大绣球花、芭蕉、秋海棠、萱槿等，是一个非常典雅的小园林，不比周家的百草园差，只是鲁迅到三味书屋之后，"自恃甚高，风度矜贵"（寿洙邻言），集中精力学习，从无嬉戏谑浪之事，所以印象并没有那么深刻。

另据王士菁先生描述，三味书屋的园内有两株桂花树，东

---

①寿洙邻：《我也谈谈鲁迅的故事》，《鲁迅研究资料》第三辑，文物出版社，1979。

墙脚有一个砖砌的花坛，花坛北端有一株蜡梅花，南端是一丛南天竹。这里是学生们活动的场所。在冬天跳上花坛可以攀折蜡梅花，在夏天，爬上桂花树就能寻找到蝉蜕，不过要是给先生知道了，那是不行的。先生生起气来会把学生回掉，这在三味书屋有个说法叫作"推出去"。

如今，这棵梅花树依然屹立在三味书屋后院的东北角，树龄已有一百多年。

在传统文化概念中，梅花代表着清高、不畏严寒，三味书屋的先生寿镜吾在自家院子里种上这棵蜡梅，也是以梅花自喻。鲁迅曾请人刻过一枚"只有梅花是知己"的石印，以明心志，还用梅花做过一个比喻："中国真同梅树一样，看它衰老腐朽到不成一个样子，一忽儿挺生一两条新梢，又回复到繁花密缀、绿叶葱茏的景象了。"

鲁迅从三味书屋放学回家，大半是在母亲的房里做功课。晚饭后则手描画谱。手描画谱为鲁迅打下了受益一生的美术功底，他此后能手绘许多图案、设计图书封面，开现代书籍装帧之一代新风，这些都不是偶然的。幼年鲁迅热心于搜集画谱，许多画谱都是他用压岁钱买来的。如《尔雅音图》《毛诗品物图考》《点石斋丛画》《诗画舫》等。他喜欢两张贴在床前的生动有趣的年画，一张是长嘴大耳的《八戒招亲》，另一张是《老鼠成亲》，满纸新郎、新妇、傧相、客人都是尖腮细腿、穿着红衫绿裤的老鼠。这些生动有趣的年画引得他不少夜晚都不能好好地入睡。

更为重要的是，鲁迅还喜欢抄书和种花。

鲁迅抄书，抄的是他所喜欢的与花木虫鸟有关的读物。最初他用的是"荆川纸"，蒙在小说的绣像上或花木虫鸟上一个个描下来，像习字时候的影写一样。后来，他还请人刻了一块直行的木板，定印了许多竹纸，专作抄书之用，抄时只须衬上一张横格子纸即可。

鲁迅喜欢梅花，还专门抄写过会稽童钰作《二树山人写梅歌》。在绍兴鲁迅纪念馆的库房里，存放着这件国家一级文物。这是鲁迅于清朝光绪丁酉年（1897 年）即在三味书屋读书时期完成的手抄本，是目前发现最早的鲁迅手迹，笔致端庄，秀雅工整，点画间虽然稚气未脱，却是笔笔中锋，中矩中式，体现了鲁迅的小楷功底。

资料显示，童钰（1721－1782），清代画家，会稽人，与同郡刘文蔚、沈翼天、姚大源、刘鸣玉、茅逸、陈芝图结文学社，称"越中七子"。善山水，尤善写梅，"使气入墨，奇风怒云，奔赴毫端"（袁枚）。兴之所至，常在月光下濡墨作画，生平所作不下万本。

同是爱梅之人，少年鲁迅毕恭毕敬手抄童钰诗集，也是对这位乡贤的致敬。

小时候的鲁迅竟然喜欢种花。

喜爱植物本是人的天性。不过，美国人迈克尔·波伦（Michael Pollan）在《植物的欲望》中有不同的看法，他说，一个人对花木无动于衷也是可能的。这有两种情况，一种情况见于抑郁症的前兆"花神倦态"症，另一种情况就是"处在一定年龄的男孩也可能对于花不感兴趣"。他所说的"一定年龄"指十岁左右。迈克尔·波伦说，十岁时的他喜欢的花是南瓜优美的喇叭花、草莓漂亮的小蒂花，这些花都是"有意义的花，是可以预告一种果实将要到来的花"。但他并不喜欢其他的花，"为花而花"的花。

但和迈克尔·波伦不同的是，十岁左右的鲁迅却喜欢养花，养纯粹的"为花而花"的花。①

周建人回忆说，鲁迅"空闲时也种花，有若干种月季，以及石竹、文竹、郁李、映山红等，因此又看或抄讲种花的书，如《花镜》，便是他常看的。他不单是知道种法，大部分还要知道花的名称，因为他得到一种花时，喜欢盆上插一条短竹签，写上植物的名字"。他不但种花，还要弄清和标记各种花的名称，这看起来的确不像是一般的玩儿。所以周建人说："鲁迅先生小的时候，玩的时间非常少，糊盔甲，种花等，可以说玩，但也可以说不是玩，是一种工作。"②

少年鲁迅种的花种类繁多，几乎是个称职的花工："他种的有映山红、石竹、盆竹、老勿大、万年青、银边八年青、黄杨、栀子、佛拳、巧角荷花、雨过天青、羽壬装、大金黄、芸香、蝴蝶花、古样草、萱花、金钱石菖蒲、荷花、夜娇娇、鸡冠花、凤仙花、茑萝，等等。草花每年收籽，用纸包成方包，

---

① 参见钱振文《鲁迅的花与树》，《文汇报》2018年1月30日；[美] 迈克尔·波伦：《植物的欲望——植物眼中的世界》，上海人民出版社，2004。
② 周建人：《略讲关于鲁迅的事情》，人民文学出版社，1954。

写上名称，藏起来，明年再种，并且分类，定名称。"[1]

嬉闹百草园，抄录花鸟鱼虫杂书，收集植物种子等，这些兴趣与爱好，看似平行，实则互相联系，都服从和服务于鲁迅的性格和理想，也培养了他仰观宇宙之大、俯察品类之盛的观察领悟能力。鲁迅对大自然的热爱，对草木的情怀，对汉画木刻乃至现代文艺的推陈出新，都与此息息相关。

---

[1]周建人口述、周晔整理：《鲁迅故家的败落》，福建教育出版社，2001。

《莳花杂志》

（1898年）

1898 年 5 月，鲁迅考入南京江南水师学堂。这是一个在封建主义的躯体上包裹了一层资产阶级改良主义外衣的学校。比如一进仪门就可以看到一根高约二十丈的旗杆，供学生练习爬桅杆用；学堂后面有供学生练习游泳用的水池，但自从淹死了两个年幼的学生后，池子就被填平，并且在上面盖了一所小小的关帝庙镇压着，每年七月十五日，学堂当局还要请一群和尚到风雨操场来放焰火。学堂里一星期内的功课，四天学英语，一天读古文，一天作古文。

即便如此，鲁迅还是保持着宽广的兴趣爱好，特别是对植物学的爱好，这从他作于当年的笔记小品《戛剑生杂记》和《莳花杂志》中可以看出来。

鲁迅 1898 年在南京学堂时期用过一个叫"戛剑生"的笔名，周作人庚子（1900 年）旧日记中，抄存有署名戛剑生的《莳花杂志》数则：

晚香玉本名土螺斯，出塞外，叶阔似吉祥草，花生穗间，每穗四五球，每球四五朵，色白，至夜尤香，形如喇叭，长寸余，瓣五六七不等，都中最盛。昔圣祖仁皇帝因其名俗，改赐今名。

> 里低母斯，苔类也，取其汁为水，可染蓝色纸，遇酸水
> 则变为红，遇碱水又复为蓝。其色变换不定，西人每以之试
> 验化学。

蒔花即种花、养花，鲁迅对此热情极高。文中所录土秘螺斯，英语 tuberose 的音译，石蒜科多年生草本植物。原产墨西哥，我国各地多有栽培。清代顾禄《题画绝句》卷下："晚香玉，种来西方，……本名土秘蠃斯，圣祖锡以今名。"圣祖，指清康熙帝。

里低母斯，英语 litmus 的音译，即石蕊。地衣类植物。

晚清民国时期的鲁迅对科学普及作出了很大贡献，除1898年编《蒔花杂志》外，1903年还著《中国地质略论》和《说鈤》（鲁迅发表时原题为《说鈤》，"鈤"现通译为"镭"），与别人合编《中国矿产志》，翻译了法国科学幻想小说家儒勒·凡尔纳的《月界旅行》和《地底旅行》，1904年翻译了《北极探险记》，1907年著《人之历史》《科学史教篇》，1930年翻译《药用植物》，1933年著《"蜜蜂"与"蜜"》等，直到生前最后时刻，还念念不忘想要翻译法国科学家法布尔的《昆虫记》。

鲁迅的这些著作和翻译作品，在当时起到重要作用。《说鈤》是我国最早介绍法国居里夫人发现镭的经过的论文。《中国地质略论》和《中国矿产志》，是我国最先用近代自然科学理论研究中国地质的著作，当时 8 个月内连续 3 次再版，可见影响很大。地质学家黄汲清这样评价鲁迅："鲁迅是第一位撰

写讲解中国地质文章的学者，《中国地质略论》和《中国矿产志》是中国地质工作史中开天辟地的第一章，是中国地质学史上的开拓性创举。"地质学家殷维翰评价鲁迅："如果鲁迅不改行，他一定能像他现在取得的文学成就一样成为地质界泰斗。"地质学家庄寿强则将鲁迅视为"中国地质第一人"。

鲁迅还大力倡导创办科普杂志。1925年，他在《华盖集·通讯》中写道："单为在校的青年计，可看的书报实在太缺乏了，我觉得至少还该有一种通俗的科学杂志，要浅显而且有趣的。"他还最早提出在中国用幻灯和电影一类的形式来介绍科学知识。

鲁迅为什么热心于科普工作呢？1903年，他在《月界旅行·辨言》中说，通过科学普及，要使人们"获一斑之知识，破遗传之迷信，改良思想，补助文明"。对儿童的特殊关心，也促使鲁迅热心科普工作。他在《看图识字》一文中说："孩子是可以敬佩的，他常常想到星月上的境界，想到地面下的情形，想到花卉的用处，想到昆虫的言语；他想飞入天空，他想潜入蚁穴。……所以给儿童看的图书就必须慎重，做起来也十分繁难。"

鲁迅及时吸收不少国家的最新科学成就，在物理、化学、地质、医学、生物等方面的研究，都达到了相当高的水平。1976年，刘再复、金秋鹏编写《鲁迅和自然科学》一书，由科学出版社出版。

鲁迅的莳花思想也影响了他的同时代人。1981年，鲁迅博物馆特约了一百多位跟鲁迅有着直接或间接交往的作者撰文，编选了一本《鲁迅诞辰百年纪念集》，其中收入了当时年近八旬的汪静之老人所写的一篇长文：《鲁迅——莳花的园丁》。据参与了该书编选工作的陈漱渝先生分析，这篇文章的篇名显然受到了鲁迅《莳花杂志》的影响。[1]汪静之在文中写道："鲁迅是一个精心的园丁""鲁迅是护花神一般的园丁""鲁迅是一个关心花的园丁"。汪静之还在鲁迅百周年诞辰纪念日写下了总题为《护花神》的两首七绝，表达了"海深难比护花恩"这样真挚的感情。[2]可见，在汪静之及其同时代人的心目中，鲁迅确实是一位可遇不可求的园丁。

①参见陈漱渝《他第一个应该感谢的人是胡适——纪念汪静之诞生110周年》，《上海鲁迅研究》2012年第3期。
②参见鲁迅博物馆鲁迅研究室编《鲁迅诞辰百年纪念集》，湖南人民出版社，1981。

夹道万株杨柳树

（1900年）

　　鲁迅兄弟共四人，其中四弟6岁时早逝。

　　周氏四兄弟的名字和树木大有关系。

　　从鲁迅家族世系中知，他的曾祖父是周以埏（1816—1863），祖父是周福清（1838—1904），父亲是周伯宜（1861—1896）。鲁迅这一代情况如下：周树人原名周樟寿，他的二弟周作人原名周櫆寿，三弟周建人原名周松寿，还有一个四弟周椿寿，6岁时早逝。第五代包括鲁迅的独生子周海婴，周作人子周丰一，周建人子周冲（早夭）、周丰二、周丰三。

　　也就是说，周氏四兄弟都是"寿"字辈，且都以木字边的字（樟、櫆、松、椿）命名。鲁迅自己显然比较了解生辰八字与阴阳五行文化，其《自嘲》诗中就有一句"运交华盖欲何求"，这句诗也可看作鲁迅写的八字诗。鲁迅还在写闰土时说他五行缺土，所以取名闰土，这也是八字文化。

　　生辰八字是一个人出生时的天干地支。据说鲁迅的八字金气过旺，水气过弱。水无力，原金旺，气不得泻，聚于金，金主肺，肺气不通，乃病。鲁迅最终也是因肺病而逝世。此事难证，姑录此以供了解。

　　此处鲁迅的名字应当多说几句。鲁迅原名樟寿，字豫山。

因"豫山"绍兴口音和"雨伞"谐音，后改字豫才。《左传》《战国策》《史记》等古代经典著作，都以"豫"指枕木，章指樟木，枕、樟是同类的参天大树，豫、樟合用，常喻为"栋梁之材"。这是祖父为长孙取"名"和"字"的寓意所在。

也就是在江南水师学堂学习期间，鲁迅的名字从周樟寿改为周树人。树人者，立人也。中国民间流行按八字五行所缺来取名，鲁迅改名周树人，也可能是因五行缺木而起。

鲁迅和周作人、周建人兄弟早年和睦相处，感情甚笃。1900 年和 1901 年，鲁迅先后写了六首七绝《别诸弟》。

庚子二月《别诸弟》三首如下：

> 谋生无奈日奔驰，有弟偏教各别离。
> 最是令人凄绝处，孤檠长夜雨来时。

> 还家未久又离家，日暮新愁分外加。
> 夹道万株杨柳树，望中都化断肠花。

> 从来一别又经年，万里长风送客船。
> 我有一言应记取，文章得失不由天。

这三首诗，作于庚子即清光绪二十六年（1900 年）二月，署名"戛剑生"，是现存鲁迅最早的诗作。据《周作人日记》庚子三月十五日记载，下午"接金陵十八日函并洋四元，诗三首，系托同学带归也。作复函。诗列于左"。周作人抄录

夹道万株杨柳树，望中都化断肠花。

的诗即为《别诸弟》，题下署"豫才未是草"。可见鲁迅此诗写于 1900 年 3 月 18 日（农历二月十八日）之前。该诗鲁迅生前未发表过，由周作人供稿，曾经唐弢编入《鲁迅全集拾遗续编》。

鲁迅时年 20 岁，在南京陆师学堂附设的矿务铁路学堂念书。他利用寒假，于这年的腊月二十六日还家，次年正月二十日回南京，故有"还家未久又离家"之说。随着这三首诗，鲁迅把学校里发给他的生活费或奖金四元节省下来托同学带回家，数目不大，已足见其对老母弱弟的挂念，周家长子的孝悌之举使人慨叹。

鲁迅原本兄妹五人，唯一的妹妹名"端"，1887 年生，未满周岁死于天花。四弟周椿寿在鲁迅去矿务铁路学堂上学的这一年病亡。1893 年鲁迅祖父因科场舞弊案被捕入狱，家道即中落。鲁迅父亲常年卧病，一直延请有名的中医诊治，所费不赀，于 1896 年病逝，周家"从小康人家而坠入困顿"。鲁迅是长子，祖父下狱，父亲生病和病逝，在这一过程中，族人、亲戚和乡里的冷眼与欺侮，他自然比两个弟弟承受得更多。去南京前，他就已经挑起了家庭的重担，读书之外，经常"出入于质铺和药店"，去南京之后，更是心系故家两个"弱弟"。这三首诗就是在这个背景下写成的。

《别诸弟》三首七绝紧扣"别"字，突出"情"字，也贯穿了鲁迅始终如一的草木情结。

第一首着眼于谋生。由于家境困顿，生活所迫，无奈离家，难免思乡。1898 年，鲁迅初次离家去南京投考江南水师学堂时，曾作《戛剑生杂记》，记旅途的心情说："行人于斜日将堕之时，暝色逼人，四顾满目非故乡之人，细聆满耳皆异乡之语，一念及家乡万里，老亲弱弟必时时相语，谓今当至某处矣，此时真觉柔肠欲断，涕不可仰。故予有句云：日暮客愁集，烟深人语喧。皆所身历，非托诸空言也。"[①] 可以看作对"谋生无奈日奔驰"之句的解读。周建人说，鲁迅到南京读书后，"刻了两颗图章，一颗是'文章误我'，一颗是'戛剑生'，意思是说，以前读古书，作古文，耽误了我的青春，现在我要'戛'的一声拔出剑来，参加战斗了"。

第二首着眼于见闻。兄弟重逢，又得离别，"夹道万株杨柳树，望中都化断肠花"，随着客船的前行，溪河两岸的万株杨柳都向后隐退而去，家乡越来越远，望着望着，在作者的眼中竟然像一片断肠之花了。写得气势壮观，颇有韵味。断肠花即秋海棠。《采兰杂志》："昔有妇人怀人不见，恒洒泪于北墙之下。后洒处生草，其花甚媚，色如妇面，其叶正绿反红，秋开，名曰断肠花，即今秋海棠也。"这里借用断肠花来比杨柳，使人生出无限离愁。

第三首着眼于赠言。"万里长风"这四个字气势不凡，说明所送的客船既不同于"凄雨孤舟"，也不同于"轻轻别棹"，显得开朗乐观，壮阔有力，作者读者的心情都为之一振，"文章得失不由天"的勉励之声也由此发出，牵肠挂肚，万语千言，一句定宗。

---

① 参见鲁迅《集外集拾遗补编》，人民文学出版社，2015。

这组诗措词清丽，语出自然，表露出亲情，与后期句挟风雷的战斗诗篇有着根本的不同。诗中述手足之情、兄弟离情极为真挚，写景状物极见大气。"夹道万株杨柳树"能入鲁迅之眼，一方面可知鲁迅对环境的变化是非常敏感的，另一方面，也记录了鲁迅初离绍兴前往南京途中杨柳侵云、水气氤氲的如画生态。

棘篱绕屋树交加

（1901年）

1901 年 3 月，在南京上学的鲁迅又给弟弟们写了三首七绝，即《别诸弟三首——辛丑二月并跋》，全诗如下：

> 梦魂常向故乡驰，始信人间苦别离。
> 夜半倚床忆诸弟，残灯如豆月明时。
>
> 日暮舟停老圃家，棘篱绕屋树交加。
> 怅然回忆家乡乐，抱瓮何时共养花？
>
> 春风容易送韶年，一棹烟波夜驶船。
> 何事脊令偏傲我，时随帆顶过长天！

诗后还有长跋，写创作之因由：

> 仲弟次予去春留别元韵三章，即以送别，并索和。予每把笔，辄黯然而止。越十余日，客窗偶暇，潦草成句，即邮寄之。嗟乎！登楼陨涕，英雄未必忘家；执手消魂，兄弟竟

居异地！深秋明月，照游子而更明；寒夜怨笳，遇羁人而增怨。此情此景，盖未有不悄然以悲者矣。

辛丑仲春戛剑生拟删草

　　这三首诗是鲁迅对二弟周作人送别诗的和诗。次韵，旧时古体诗词写作的一种方式，按照原诗的韵和用韵的次序来和诗。

　　鲁迅到南京求学的第二年冬，回乡度岁，于庚子腊月初一抵绍兴，辛丑正月二十五日离家回南京继续上学。兄弟离别那天，《周作人日记》载："上午大哥收拾行李，傍晚同十八公公、子恒叔启行往秣陵。余送大哥至舟，执手言别，中心黯然……夜作七绝三首。"周作人的这三首诗保留在当天的日记里，是步鲁迅《别诸弟》三首原韵写成的。鲁迅在此和诗的跋语中说得很清楚："仲弟次予去春留别元韵三章，即以送别，并索和。"周作人在辛丑二月廿四日的日记里抄录了鲁迅这三首诗，并说它是附在鲁迅辛丑二月十四日的信中寄来的。

　　细按鲁迅的跋语，诗题应突出为二弟索和而作的初衷，因此有些版本便将鲁迅这三首诗的标题改成了《和仲弟送别元韵并跋》，甚是恰当。

　　鲁迅因少年时期家境逐渐衰落，只好去南京进当时洋务派办的洋学堂。这在某些人看来，仿佛是"走异路逃异地"似的。他在《呐喊·自序》中说："我的母亲没有法，办了八元的川资，说是由我的自便；然而伊哭了，这正是情理中的事，因为那时读书应试是正路，所谓学洋务，社会上便以为是一种走投无路的人，只得将灵魂卖给鬼子，要加倍的奚落而且排斥的，而况伊又看不见自己的儿子了。"这一心路可作鲁迅诗中"苦别离"的注释。

诗中"脊令"系鸟名。《诗经·小雅·棠棣》："脊令在原，兄弟急难。"过去常用它比喻兄弟友爱，急难相助。跋语中"登楼陨涕，英雄未必忘家；执手消魂，兄弟竟居异地"足见其手足怡怡之情，此时谁也无法预料他们将来会决裂。

抱瓮，语出《庄子·外篇》之《天地》："（子贡）过汉阴，见一丈人，方将为圃畦。凿隧而入井，抱瓮而出灌。"传说孔子的学生子贡在游楚返晋过汉阴时，见一位老人一次又一次地抱着瓮去浇菜，"搰搰然用力甚多，而见功寡"，就建议他用机械汲水。老人不愿意，并且说：这样做，为人就会有机心，"吾非不知，羞而不为也"。故"抱瓮"喻安于拙陋的淳朴生活。这也被视为对技术、机械文明的某种反省，代表了庄子技术哲学思想，并对海森堡产生影响。德国伟大物理学家兼思想家海森堡十分推崇庄子技术哲学的思想，并多次在讲演中提到庄子的观点。后来，海森堡又把庄子的这段论述写进了他的专著《当代物理学的自然图像》。

这组诗的第二首写到了兄弟几人在家乡度过的共同侍弄花草的天伦之乐，以及期待"抱瓮共养花"的迫切心理。鲁迅返校途中见到的风景如日暮老圃、棘篱老树都出现在鲁迅的笔端。

"日暮舟停老圃家，棘篱绕屋树交加"的悠然，"怅然回忆家乡乐"的惆怅，"抱瓮何时共养花"的期盼，把鲁迅渴望兄弟团聚的心情表达得淋漓尽致，同时也唤起了读者对鲁迅停舟之地的探究：究竟何处是当年鲁迅日暮停舟驻足的老圃家？那"棘篱绕屋树交加"的动人场景是否还能寻得一鳞半爪？

"上野的樱花烂熳①的时节"

（1903年）

1902 年 4 月，鲁迅到日本留学，先是在东京弘文学院补习日语。1904 年 9 月又去仙台学医，1906 年夏又返回东京。

鲁迅在弘文学院学习期间，依然延续着浓厚的植物情结。许寿裳回忆说："他在弘文学院时代，已经买了三好学的《植物学》两厚册，其中着色的插图很多。所以他对于植物的培养有了相当的素养。伍舍的庭院既广，隙地又多，鲁迅和我便发动来种花草，尤其是朝颜即牵牛花，因为变种很多，花的色彩和形状，真是千奇百怪。每当晓风拂拂，晨露湛湛，朝颜的笑口齐开，作拍拍的声响，大有天国乐园去人不远之感。傍晚浇水，把已经开过的花蒂一一摘去，那么以后的花轮便会维持原样，不会减小。"②

许寿裳说到的"伍舍"是鲁迅 1908 年在东京租住过的一处住屋。因为是鲁迅、周作人、许寿裳、钱均夫、朱谋宣等五个人共住，所以叫作"伍舍"。在鲁迅他们五个中国留学生之前，日本著名作家夏目漱石也租住过这个"伍舍"。许寿裳回

---

①编者按：此处引鲁迅原文。现行规范汉字应为"烂漫"，后同。本书所引时人文章皆保留原文，个别字句未按现行规范修改，不再另行说明。

②许寿裳：《亡友鲁迅印象记》，人民文学出版社，1953。

忆说：“这原是日本绅士的家园，……规模宏大，房间新洁而美丽，庭院之广，花木之繁，尤为可爱。”①

在 1904 年 9 月转赴仙台医学专门学校学医之前，鲁迅有两年多的时间生活在东京，对上野的樱花印象非常深刻。许寿裳回忆说：“他平生极少游览，留东七年，我记得只有两次和他一同观赏上野的樱花，还是为了到南江堂买书之便。”②

二十多年后的 1926 年 10 月，在厦门大学任教的鲁迅写了一篇怀念藤野先生的散文，发表于同年 12 月的《莽原》半月刊第 23 期，后收入散文集《朝花夕拾》。

在这篇文章的开头，鲁迅描述了著名的上野樱花和当时的情状：

> 东京也无非是这样。上野的樱花烂熳的时节，望去确也象绯红的轻云，但花下也缺不了成群结队的“清国留学生”的速成班，头顶上盘着大辫子，顶得学生制帽的顶上高高耸起，形成一座富士山。也有解散辫子，盘得平的，除下帽来，油光可鉴，宛如小姑娘的发髻一般，还要将脖子扭几扭。实在标致极了。

上野是东京的一个公园，这里原来是德川幕府的家庙和一些诸侯的私邸，1873 年改为公园，以樱花著名，园内樱花

---

① 许寿裳：《亡友鲁迅印象记》，人民文学出版社，1953。
② 许寿裳：《我所认识的鲁迅》，人民文学出版社，1952。

多达 1300 余株。风过之处，落樱雨下，十分壮观。每逢樱花季，上野公园就会人山人海，从全国各地赶来赏樱的游客络绎不绝。日本可能是全世界唯一一个为了一场花事而举国狂欢的国家。

"上野的樱花烂熳的时节，望去确也象绯红的轻云"，这是美好的事物，"绯红的轻云"也成为描写樱花最经典的比喻句，成为中国现代文学史上的名句之一。但在这美好的事物下面，也缺不了成群结队的"清国留学生"的速成班，他们头顶上盘着大辫子，忸怩作态，这却不是美好的事物，让鲁迅反感。因为鲁迅与他们完全不同，他到东京之后，便毅然把那条辫子剪掉了。他在"江南班"是第一个剪掉辫子的人。

美好与不美好形成强烈的反差，同时，中国留学生会馆的情况也并不能让鲁迅满意："中国留学生会馆的门房里有几本书买，有时还值得去一转；倘在上午，里面的几间洋房里倒也还可以坐坐的。但到傍晚，有一间的地板便常不免要咚咚咚地响得震天，兼以满房烟尘斗乱；问问精通时事的人，答道，'那是在学跳舞'。"

鲁迅就想，到别的地方去看看，如何呢？

于是他就往仙台的医学专门学校去学医，于是就有了那篇著名的《藤野先生》。

鲁迅的《藤野先生》虽然是怀念自己老师的文章，却是从樱花烂漫的时节切入的。这就好比电影中的一个长镜头，把樱花作为前景，再慢慢往前推去：上野、中国留学生会馆、日暮里、水户、仙台……非常具有层次感和节奏感。也仿佛一粒石子投入水中，晕开一圈圈的波纹，而波纹的圆心，就是上野的烂漫樱花。

樱花，通称蔷薇科樱属，据有关资料记载，广泛分布于北半球温带地区，主要分布于我国西部和西南部，以及日本和朝鲜。事实上樱花并不是日本人最早推崇的花。现存最早的日语诗歌总集《万叶集》（类似于中国的《诗经》），收录4—8世纪之间的诗歌，更多吟诵的是梅花，而不是樱花。早期日本人的审美很大程度上受到了盛唐文化的影响，因为梅花也是奈良时代由东渡的中国僧侣带去的礼物。

日本的风物文化到了10世纪时，已经有了更加丰富的层次、更加季节化的感受，和歌、俳句里的"花"也不知不觉地从梅花变成了樱花，江户时代（1603—1867年）更是出现了"十万樱花入梦眠"的盛况，樱花正式成为日本主流文化的标志性象征。

日本江户时代所处的17—19世纪，实际上正是西方园林文化蒸蒸日上的时代，日本人的樱花品种得以层出不穷也是有全球化背景的。现代日本樱花名录很大一部分被冠以"江户"的名字，非常重要的一个栽培品系就叫作"江户彼岸系"。江户末期，日本樱花的栽培品种已逾300种，而牡丹在最繁盛的唐宋时期，其品种也不过是120多种。

上野有一处站台叫"日暮里"，是鲁迅在《藤野先生》中提到过的地名，让人想起了那句唐诗："日暮乡关何处是，烟波江上使人愁。"

鲁迅重视日本风物，日本文化对他的创作和思想影响极大。长期从事鲁迅研究和日本思想研究的中国社科院文学所研究员董炳月先生认为，鲁迅批判中国人的国民性，范本是日本人的国民性。此说很有见地。据内山完造回忆，鲁迅曾对他说，"中国即便把日本全盘否定，也决不能忽视一件事——那就是日本人的长处——认真。无论发生什么事，这一点，作为中国人不可不学"。这种回忆符合鲁迅的逻辑，是可靠的。鲁迅厌恶中国人的"马马虎虎""瞒和骗"，斥责"做戏的虚无党"，而这正与日本人的"认真"相反，这是两国国民性最大的差异。①

鲁迅的认真、真实、坚韧之中，有日本人国民性中积极因素的影响。陈丹青这样描述鲁迅的长相："老先生的相貌先就长得不一样。这张脸非常不买账，又非常无所谓，非常酷，又非常慈悲，看上去一脸的清苦、刚直、坦然，骨子里却透着风流与俏皮……"②鲁迅的胡须如果不及时修剪，使之"和上唇的上缘平齐，成一个隶书的一字"的话，日本气质是很浓郁的——鲁迅刚从日本回国时，就被故乡的船夫当作了日本人。针对越来越多的人的误会，鲁迅后来还写过一篇《说胡须》的文章做过无谓的辩解。

日本风物在鲁迅思想深处打下了深刻的烙印，上野的樱花

①参见尚晓岚《日本人怎样阅读鲁迅》，《中国青年报》2016年10月15日。
②陈丹青：《笑谈大先生》，广西师范大学出版社，2011。

烂漫的时节，也是他在日本开始寻求出路的时节。他决计弃医从文了。

　　鲁迅当时就认为第一件要紧的事，是改变人们的精神，而善于改变精神的是文艺。中国由此多了一位伟大的思想家和文学家，少了一位医生。

我想去学生物学

（1906年）

在东京弘文书院补习日文两年多时间后，鲁迅1904年9月离开东京，到较远也较为僻静的一个城市仙台，进入仙台医学专门学校学医。

鲁迅在仙台医专受了优待，不但学校不收学费，几个职员还为他的食宿操心，不过每天总要喝难以下咽的芋梗汤。"但从此就看见许多陌生的先生，听到许多新鲜的讲义"（鲁迅《藤野先生》，下同），其中就有"一个黑瘦的先生，八字须，戴着眼镜，挟着一迭大大小小的书"，说话的声调缓慢而很有顿挫。

他就是藤野先生（1874—1945），即藤野严九郎，日本福井县人，解剖学教授，对来自弱国的鲁迅毫不歧视，倍加爱护，对鲁迅影响极大。鲁迅认为："在我所认为我师的之中，他是最使我感激，给我鼓励的一个。""他的性格，在我的眼里和心里是伟大的。"

两年后，鲁迅学习西方医学拯救祖国的幻想破灭了，想在战争时期当军医的幻想，以及想救治他父亲那样病人的愿望都一齐破灭了。他感到学医并非一件最紧要的事，第一件要紧的事，是改变人们的精神，而善于改变精神的是文艺。他于是告诉许寿裳说自己要退学："我决计要学文艺了。中国的呆子，坏呆子，岂是医学所能治疗的么？"①

鲁迅在《藤野先生》里描述了自己退学时的情形：

> 到第二学年的终结，我便去寻藤野先生，告诉他我将不学医学，并且离开这仙台。他的脸色仿佛有些悲哀，似乎想说话，但竟没有说。
>
> "我想去学生物学，先生教给我的学问，也还有用的。"其实我并没有决意要学生物学，因为看得他有些凄然，便说了一个慰安他的谎话。
>
> "为医学而教的解剖学之类，怕于生物学也没有什么大帮助。"他叹息说。
>
> 将走的前几天，他叫我到他家里去，交给我一张照相，后面写着两个字道："惜别"，还说希望将我的也送他。但我这时适值没有照相了；他便叮嘱我将来照了寄给他，并且时时通信告诉他此后的状况。

"我想去学生物学"本是鲁迅放弃医学时安慰藤野先生随口所说的一个谎言，其实从鲁迅此后的行动看，更像是下意识显露出的真实心理。鲁迅到日本留学后，对科学研究的兴趣发生了明显的转移，即从地质、化学等无生物科学向植物学、动物学、医学等生物科学转移。

---

① 许寿裳：《我所认识的鲁迅》，人民文学出版社，1952。

鲁迅珍视他在仙台学医的经历，就连藤野先生改正的讲义，鲁迅也订成三厚本收藏着，作为永久的纪念。藤野的照相也挂在他北京寓居的东墙上，书桌对面。"每当夜间疲倦，正想偷懒时，仰面在灯光中瞥见他黑瘦的面貌，似乎正要说出抑扬顿挫的话来，便使我忽又良心发现，而且增加勇气了，于是点上一枝烟，再继续写些为'正人君子'之流所深恶痛疾的文字。"鲁迅如此敬重严师，令人喟叹。

如果不是因为文艺疗救国民精神这个更高的志趣，鲁迅很可能会成为一个出色的生物学家。

资料载，北京鲁迅博物馆鲁迅藏书室收藏了 11 本德语植物学著作，如《植物类别之判断》《普通植物学》《植物采集者》《隐花植物——海草、菌类、地衣、苔藓、羊齿类植物》《开花植物体系》《美国宾夕法尼亚州所产苔藓类与蕨类植物目录》《植物观察入门》《食肉植物》等。说明鲁迅在购藏生物学特别是植物学书籍方面很用心。

因此，鲁迅在告别藤野先生的时候，虽然并没有"决意要学生物学"，但事实上，生物学尤其是植物学的确是鲁迅重要的知识兴奋点，也是他写作的巨大富矿。由于鲁迅丰富的生物学背景，他对生命和死亡的理解，往往不是把这些问题仅仅视为文学的主题而已，也不仅仅是把它们视为永恒的、尽人皆知的哲学命题。对鲁迅而言，生命和死亡是有其具体的生理内容的，其中包括显微镜底下的细菌细胞、血液的新陈代谢以及中枢神经系统等非常物质的存在。

并且，鲁迅始终热心关注科学和文学领域的最新发展。鲁迅的藏书目录显示，他拥有两本德国博物学家、达尔文进化论的捍卫者和传播者海克尔的原著，一本是 1903 年德文版的《宇宙之谜》，另一本是 1906 年版的《生命的奇迹》。我们在鲁迅论海克尔的文章中可以看到，他一直在更新自己的进化论生物学的知识，而就他当时的积累而言，他的水平已远远超出了严复的《天演论》以来中国人对进化论的那一点入门知识，而是搭建起来了自己的"进化论生命观"，并使之成为基本知识框架和世界观。

进化论是鲁迅思想的基调，他相信未来一定胜过现在；"在进化的链子上，一切都是中间物"，"人类总不会寂寞，因为生命是进步的，是乐天的"。鲁迅的"进化论生命观"，在他的小说、散文和杂文里都有体现，如《呐喊》自序里"铁屋子"的譬喻、夏瑜坟上的花圈、闰土儿子水生应有的新生活、《狂人日记》里期待的"没有吃过人的孩子"、《伤逝》中"新的生路"、《墓碣文》中"于无所希望中得救"，等等。他在《希望》中更是喊出了"绝望之为虚妄，正与希望相同"这句悖论式的箴言。

毫无疑问，生物学是鲁迅思想不可或缺的一个力量支柱。

携带水野栀子回国

（1909年）

1909 年 8 月，身无长物的鲁迅从日本回国时，随身携带了一株"水野栀子"，栽种在绍兴老家的庭院中，后又赠给了他的表弟郦辛农。

《鲁迅年谱长编》第一卷 1909 年 8 月目下列了三条资料，第三条是：

> 鲁迅将从日本带回来的水野栀子栽种在庭院中，后来把这棵栀子树赠送给表弟郦辛农。一九六二年，郦辛农又把这棵栀子树转赠给绍兴鲁迅纪念馆，至今仍存活。

又注：

> 据师之竹《郦辛农先生捐赠水野栀子》，载一九六四年《绍兴鲁迅纪念馆馆刊》第二期。[①]

鲁迅能从日本漂洋过海专门带回来一株栀子树，足见其对

---

①鲁迅博物馆鲁迅研究室编：《鲁迅年谱长编1881—1921》第一卷，河南文艺出版社，2012。

这种植物的喜爱。在庭院里栽种成活后，又转赠给表弟郦辛农，也是希望这种植物的生命能长久地延续下去。

郦辛农，浙江绍兴人，专爱养蜂，编著有《实验养蜂新历》，全国养蜂同行都以该书为准绳。1936年吴小峰称赞郦辛农编著的《实验养蜂新历》："绍兴郦辛农氏之著，乃精心杰构之著述，风行海内，至今脍炙人口，可谓养蜂之圭臬。"[①]

中国本来盛产栀子，鲁迅带来的"水野栀子"应当属于日本品种，不见于国内。但究竟是哪一个品种？

1949年，上海黄岳渊、黄德邻父子合著的《花经》列举栀子品种有六——大花栀子（荷花栀子）、小花栀子（丁香栀子）、黄栀子、黄金栀子、朝鲜栀子、圆叶栀子。其中，圆叶栀子来自日本，叶略带圆形，色最苍翠，三四月即能开花。并没有水野栀子一名。当代《中国花经》，说栀子则更为简略。而今人之《本草药名汇考》记栀子和栀子花，有红栀子、黄栀子、山栀子、水栀子，大花栀子与小栀子等，同样也没有水野栀子之名。[②]

资料载，有一种栀子叫"雀舌栀子"，又名日本小栀子花、小花栀子、雀舌花，为茜草科栀子属植物，是做盆栽、盆景、地被植物的优良品类，不知是否就是"水野栀子"？希明者教之。

栀子，常绿灌木，别名黄栀子、山栀、白蟾，是茜草科植物栀子的果实。花芳香。《花经》说"花香最浓烈者，莫如栀

---

① 韩鸿涛等：《绍兴—郦辛农》，《蜜蜂杂志》2012年第9期。
② 程超寰、杜汉阳编著：《本草药名汇考》，上海古籍出版社，2004。

子；叶色翠绿，花白六出，芳香扑鼻；庭院幽僻之所，偶植数本，清芬四溢，几疑身在香国中焉"①。果卵形、近球形、椭圆形或长圆形，是传统中药，具有护肝、利胆、降压、镇静、止血、消肿等作用。古人笔记中有栀子名薝卜的记载。李时珍说西蜀有红栀子花，可染颜色。

在江南，栀子是一种极普通的低矮灌木，田间地头、农家院落处处可见。"梅子熟时栀子香"，端午节前后，梅子熟了，芭蕉绿了，栀子花就开放了，暗香清淡袭人。唐人王建在《雨过山村》中这样描述栀子花："雨里鸡鸣一两家，竹溪村路板桥斜。妇姑相唤浴蚕去，闲看中庭栀子花。"乡村农忙时节，村妇相约，冒雨浴蚕，庭院里栀子花含香吐蕊，读来非常安静祥和。

栀子具有同心的属性，曾被作为男女结同心的信物。在古代，栀子和鸳鸯等名物一起，常作为衣物装饰的吉祥意象，如李商隐《效徐陵体赠更衣》写寂寞宫女"结带悬栀子，绣领刺鸳鸯"，便是对这一习俗的摹写。宋代词人赵彦端《清平乐》则把栀子同心写出了经典："与我同心栀子，报君百结丁香。"青年男女互换栀子、丁香来定情，令人怦然心动。

1924年9月，鲁迅所作《秋夜》一文中出现了栀子花。他描写道，小飞虫在玻璃的灯罩上撞得丁丁地响，"两三个却休息在灯的纸罩上喘气。那罩是昨晚新换的罩，雪白的纸，折出波浪纹的叠痕，一角还画出一枝猩红色的栀子"。紧接着写：

---

① 黄岳渊、黄德邻：《花经》，新星出版社，2018。

"猩红的栀子开花时，枣树又要做小粉红花的梦，青葱地弯成弧形了……"

《鲁迅全集》（人民文学出版社 1982 年版）对文中栀子的注解是："一种常绿灌木，春夏开白花，极香。"

本应纯白的栀子却在鲁迅的笔下开成了狰狞可怖的模样，满目的猩红，其用意是着力渲染萧瑟森然、幽远清寂的秋夜氛围，借以表达一个既彷徨又执着的孤独的求索者的心绪。

有一年参观绍兴的鲁迅故居和纪念馆，在三味书屋一侧看到了据说是当年的老蜡梅树，但这棵有案可稽的水野栀子树并没有看到，如果它真如《鲁迅年谱长编》所言，仍存活于绍兴鲁迅纪念馆，则善莫大焉。

支持三弟研究植物学和生物学

（1909年）

　　周建人一生从事植物学和生物学研究的道路，不仅是鲁迅帮助选择的，更是鲁迅鼎力支持、极力推动的。

　　鲁迅1909年从日本回国前，给周建人寄了几本有关植物方面的英文书籍。

　　1982年4月，94岁的周建人撰写了《早年学科学追忆》一文，谈到了这件事："我家弟兄三人，因老大老二都到外面念书去了，我只好留在家里照顾年老的母亲。但是，学习却是我的强烈愿望，没有机会读大学，只好自己学习。那时鲁迅在日本，鼓励我自学植物学。因为他说，学习别的科学，都需要一定的实验设备，自学是比较困难的。但植物随处都有，可以自己采集标本，进行分类研究。他先后寄给我四本书：一本是德国Strusborger等四人合著的《植物学》，这是世界上最有名的第一本植物学，他寄给我的是英译本；另一本是英国人（著者名字已忘了）写的《野花时节》，是一本精装本，图文并茂，印刷得很精致；第三本是Jackson编的《植物学辞典》；第四本是《植物的故事》。还寄给我一架解剖显微镜。从此，我就开始学习起植物学来。"[1]

---

①周建人：《花鸟虫鱼及其他》，福建科学技术出版社，1998。

借助这四本书和这架解剖显微镜，周建人走上了研究植物学的道路。此后他又读了达尔文的著作和自传。达尔文说自己"凭着这点平庸的能力，我竟会在某些重要之点上相当地影响了科学家们的信仰"，这样散发着励志光芒的表述应当给了周建人无穷的力量。

周氏三兄弟，完全是三种人格类型，三种价值取向。朱正认为："鲁迅是时势英雄的代表，周作人则堕落为难以自辩的汉奸，周建人在党的怀抱中成长，硕果独存于20世纪80年代。三兄弟的个人道路，正是个人价值取向的不同，同时勾画出中国历史百年的缩影。"[①] 此论甚是。

笔者梳理周氏三兄弟的经历，恍惚觉得，三兄弟甚至可以看作一个人的不同层面，即佛家所谓的"一体三身"：法身、报身、化身。法身是无始无终的真生命，报身即报应所得之身，化身就是变化万千之身份。从这个意义上说，如果把绍兴周树人先生视作"一体"，则法身是鲁迅，最具符号意味；报身是周作人，遁回到花草虫鱼的闲适世界，后来却又堕落为汉奸；化身是周建人，一生矩行规步从事哲学和科学研究，最后成为政要人员（全国人大常委会副委员长）。

1912年，周建人在教学之余经常和鲁迅到塔山、府山、蕺山、禹陵、兰亭、东湖等地方采集标本，后来写成《会稽山采物记》和《镇塘前观潮记》，发表时合称《辛亥游录》，刊于1912年2月出版的《越社丛刊》第一辑上，署名"会稽周建

---

① 朱正：《周氏三兄弟：三兄弟的三种价值取向》，东方出版社，2003。

人乔峰",从此开始了科普写作的生活。

1934 年,陈望道主编的小品文半月刊《太白》首先使用了一个新的文体名称"科学小品",内容主要是介绍一些科学常识。周建人就是科学小品的创始者。当年《自然界》的译作者,老一辈著名科普作家贾祖璋在 20 世纪 80 年代回忆说:"周建人在商务印书馆主编《自然界》时,就开辟趣味科学栏,专载内容比较生动的生物方面的文章。趣味科学可以说是科学小品或科普文章的原始名称。"[①] 周建人创作的这些小品文,从另外一个途径启迪了大众,今天读来仍让人耳目一新,充满科学的魅力。

周建人 20 世纪 30 年代介绍植物与动物的文章,曾辑为一册《花鸟虫鱼及其他》出版,这些文章主要与进化论有关,虽然不免带有阶级与时代的影子,但关于植物的文字平实简淡,叙述从容不迫,甚至在说到野花野草时仍用地方土名,隐约还透露出一丝丝乡愁。

比如《桂花树和树上的生物》这一则:

> 阴历的八月到来时,桂花开了,顿时增加了不少的热闹;山里的人,这时候挑了担子上城来卖栗子,邻舍的娘们来要些桂花去拌蜜和茶叶。这三株桂花树,开花时就显出不同来,天井中的两株是"金桂",花色黄赤;小园里的一株是"银桂",花色呈带微黄的白色。……长大以后的金桂,

---

[①] 转引自肖伟俐《大家风范:我所知道的民主党派领袖》,新华出版社,2009。

叶子比银桂略狭略长，日本的植物学者牧野富太郎说金桂是银桂的一个变种，所以大致是相似。但是普通的桂花树每年只能开花一次，即在阴历的八月里，小园里的银桂却每月能开花一次，——平时开的不很多，八月里方才开满各条的树枝——因此我们就叫它"月桂"。①

周建人所写，是理性的科学小品文。同样的桂树到了鲁迅笔下，则更多地营造了一种浓厚的文学语境。

比如在《狗·猫·鼠》中，鲁迅就描写了他夏夜躺在一株大桂树下的小板桌上乘凉，祖母摇着芭蕉扇坐在桌旁，给他讲故事的情形，恰好猫的故事里也有桂树（也许是祖母就地取材，把其他树顺嘴说成了桂树）：猫没有教老虎上树的本领，老虎想杀掉猫时，猫一跳便上了树，老虎只有眼睁睁地在树下蹲着。"这是侥幸的，我想，幸而老虎很性急，否则从桂树上就会爬下一匹老虎来。然而究竟很怕人，我要进屋子里睡觉去了。夜色更加黯然；桂叶瑟瑟地作响，微风也吹动了，想来草席定已微凉，躺着也不至于烦得翻来复去了。"其中"桂叶瑟瑟地作响，微风也吹动了"，把儿童既不舍又略带担心的微妙心理营造得非常逼真。

所以，对照阅读周氏兄弟关于桂树的描写，可以体会到不同的意趣。

鲁迅给周建人寄书不止这一次。1913 年 3 月 13 日，在北

---

① 周建人：《花鸟虫鱼及其他》，福建科学技术出版社，1998。

京教育部工作的鲁迅还"寄给周建人《埤雅》一部四册，《尔雅翼》一部六册，支持他研究植物学"。当时周建人在家乡绍兴任教。

《埤雅》，训诂书，宋代陆佃（1042—1102）作。陆佃是越州山阴人，北宋神宗时为尚书左丞。《埤雅》专门解释名物，以为《尔雅》的补充，所以称为《埤雅》。书中始于释鱼，继之以释兽、释鸟、释虫、释马、释木、释草，最后是释天。

《尔雅翼》，训诂书，宋代罗愿（1136—1184）作。罗愿是徽州歙县人。此书解释《尔雅》草木鸟兽虫鱼各种物名，以为《尔雅》辅翼，所以名为《尔雅翼》，也分为释草、释木、释鸟、释兽、释虫、释鱼等，每释一物都原原本本，足以解疑释惑。

鲁迅热爱植物学、生物学等自然科学，支持周建人治学，使之在哲学和生物学等领域均取得重要建树，周建人于是成为鲁迅无法完成的另一个自己。

73种植物标本

（1910年）

1909年夏，28岁的鲁迅从日本回国。他在《自传》里说："终于，因为我的母亲和几个别的人很希望我有经济上的帮助，我便回到中国来。"

在友人许寿裳的举荐下，鲁迅来到杭州，在浙江两级师范学堂（杭高前身）当起了教师。当时的同事夏丏尊后来回忆："周先生那时虽尚年青，丰采和晚年所见者差不多。衣服是向不讲究的，一件廉价的羽纱——当年叫洋官纱——长衫，从端午前就着起，一直要着到重阳。"[1] 其时，两级师范分为优级师范和初级师范两等，分别培养中学师资和小学师资。鲁迅任教的是优级师范的生理学课和初级师范的化学课。此外，他还担任博物课（含动物学、植物学、矿物学）日籍教员铃木珪寿的翻译。

这一段短暂的时光很能体现"海归"知识分子鲁迅的教育思想。他开设《化学》与《生理卫生》两门课程，自己编印《生理讲义》。《生理讲义》是油印本，封面四角绘有初阳屋舍、果卉花纹，当为鲁迅手绘。封面竖排三行字，左边为"山阴周

---

[1]夏丏尊：《鲁迅翁杂忆》，《大家小集·夏丏尊集》，花城出版社，2012。

树人编"，中间为隶书"生理讲义"，右边署"吴逸尘题"。设计简约，总共248页，附有鲁迅画的插图等，甚至包括生殖系统的内容，这在当时保守的中国几乎难以想象。鲁迅教生理卫生课时，只对学生提了一个条件，就是他讲的时候，不许笑。

在两级师范学堂任教时，鲁迅提倡种树，并带领学生采集标本。"他提倡种树，别人都笑他傻；因为树要十年才长成，那些人却主张'当一天和尚撞一天钟'。鲁迅先生提起这件事时，却说，只要给我当一天和尚，钟我总要撞，而且用力的撞，认真的撞。"[1]

鲁迅还先后带领学生去西湖周围的孤山、葛岭和北高峰，以及禹陵一带采集植物标本。有时是与铃木先生一起带着学生采集，有时则是自己一人前去采集。据学生回忆，西湖周围300米左右的土地，都有鲁迅的足迹。张直心、王平这样描述鲁迅采集标本的情况："他喜欢与同事或学生出去采集植物标本，行走于吴山圣水之间，不是为游赏而是为科学研究。满载归来后，便忙着做整理、压平、张贴、标名，乐此不疲。斗室中因是堆积如丘，琳琅满目。现仍留存着他三月间在杭州采集标本的记录本。"[2]

鲁迅甚至打算编一部《西湖植物志》，可惜未成。

鲁迅采集植物标本，用的还是专门从日本带回来的"洋桑剪"。

---

① 李霁野：《鲁迅先生的态度》，《鲁迅精神》，文化工作社，1951。
② 张直心、王平：《鲁迅在浙江两级师范学堂史实探微》，《杭州师范大学学报》2008年第4期。

浙江自古是蚕桑之乡，家家种桑，户户养蚕，村村缫丝，男男女女一年四季离不开桑剪，早在明代，宋应星《天工开物》中就对浙江桐乡的桑剪做了专门记载："凡取叶必用剪，铁剪出嘉郡桐乡者最犀利，他乡未得其利。"意思是桐乡的桑剪最好，有"白果头、花瓶壶、扯旗盘"之说，即剪刀头像白果，捏手处像花瓶，剪脚像盘卷的小旗帜。大小合适，正好满把握，出得上力，使用起来得心应手，剪桑的速度非常快，有"叶里飞"之称。

不知道日本的"洋桑剪"有何独特之处，鲁迅能将其从日本专门带回来采集标本，可以想见是极受青睐的。

鲁迅带学生采集植物标本，最初是为了活跃学生上植物课的气氛。因为此前，铃木珪寿上植物课时很枯燥，有一次，学生还在课堂打哈欠出了声，铃木珪寿认为学生不尊重他，罚学生站，还要给处分。那是一个毕业班的学生，如果处分了，毕业后会受到影响，因此，鲁迅居中调停，铃木珪寿没有坚持，但心里一直不平。同时，鲁迅建议学校同意他们上户外课，这样既避免了学生上课打瞌睡的尴尬，又能实际考察野外植物，采集植物标本，增长实践知识，可谓一举多得。①

鲁迅倡导采集植物标本，更重要的意义在于，他为当时中国的自然科学研究做出了示范。鲁迅和他的学生所做的，主要是采集、记录、保存等植物分类学的工作。"他把植物采来之后，先把枝条剪成适当的长短，又把一张报纸裁成对开，再对

①参见周令飞主编、周瑜撰文《鲁迅影像故事》，人民文学出版社，2011。

折拢来，然后把整株的植物或剪好的枝条，夹在报纸中间，同时夹入一张字条，写明植物的分类学上的名称、采集的地点和日期。最后又在这一张夹纸的上下，衬上几张四开报纸，用简便的木制夹板夹住，放在阳光下晒干，就成为标本了。"①

1910年3月1日至29日（农历），鲁迅与学生共外出采集标本12次，地点遍及杭州郊外的山山水水。有一次，鲁迅和日籍教师一起带学生外出采集标本，学生看到一株开着黄花的植物，就向日籍教师请教名字，日籍教师回答说："一枝黄花。"学生暗笑，私下议论老师信口开河。鲁迅严肃地对学生说，要指出别人的错误，自己应该有把握有依据。你们回去可以查查《植物大辞典》，这个植物属于菊科，汉语名就是"一枝黄花"。你们这样不懂装懂，轻率地不相信老师是不好的。学生回到学校查完辞典，果然就叫"一枝黄花"，于是向日籍教师道了歉。②

鲁迅采集的植物标本至今仍保存着。北京鲁迅博物馆编《鲁迅》画册（河南文艺出版社2008年版）第70页刊印有两张清晰的图片，可以感受到鲁迅从事这项工作时的耐心、从容与平静。

一张为鲁迅与日本教员带领学生到孤山、葛岭、北高峰一带采集的植物标本两种，固定在纸面上，配有"蒋谦制藏"的卡片。卡片上的内容分别是：蓼科，马蓼，采集地为西湖，采

① 王士菁：《鲁迅传》，中国青年出版社，1981。
② 参见吴克刚口述、俞芳等整理《鲁迅先生在浙江两级师范学堂》，《杭州大学学报》1979年第1—2期。

集时间是己酉年（1909 年）八月；锦葵科，木槿，采集地为西湖岳坟，采集时间是己酉年（1909 年）七月。

另一张是鲁迅 1910 年农历三月记录的采集植物标本的手稿一册。手稿可见错开叠放的 4 页，首页绘有一个类似于象形文字的小鸟图案，王锡荣先生在《画者鲁迅》（上海文化出版社 2006 年版）一书中，将其解读为火鸟或蜜蜂，类似于凤凰形象。

文字可录者有：

三月一日，孤山一，回回蒜；

三月十五日，师范学堂内一……

三月二十八日，玉皇山，鸢尾；

三月二十九日，栖霞岭及葛岭孤山一。野蔷薇、云实……金樱子、石竹科之一种、薛荔。

手稿末尾记："三月所采总七十三种"。

对这本珍贵的植物标本手稿，学者是很感兴趣的。陈平原先生说："很幸运，我们现在还可见到鲁迅 1910 年 3 月（农历）采集植物标本的记录，那倒是另一种滋味的'春游'或'风土志'。"①

三月份采集标本，既是春游，又能了解风土，这一时期的鲁迅，身心是极其放松的，他融入故乡的山川风物当中了。

---

①陈平原：《长安的失落与重建——以鲁迅的旅游及写作为中心》，《鲁迅研究月刊》2008 年第 10 期。

手抄《南方草木状》等花木古籍

（1911年）

勾稽鲁迅与草木的关系，不能忽略他抄录前人草木著述的经历。

鲁迅从日本留学归来后，很长时间里埋首辑古，勤勉汇集前贤的草木著述。

1911年正月，鲁迅工笔抄录了嵇含的《南方草木状》。

《南方草木状》，晋代嵇含撰，公元4世纪初问世。此书首次将植物分成草类、木类、果类、竹类四类，分为三卷。上卷收甘蕉、蒲葵、空心菜等29种草类；中卷收木香、水松、刺桐等28种木类；下卷收槟榔、椰子等17种果类；另有竹类6种。共计植物80种。此书是研究古代岭南植物分布和原产地的宝贵资料，被誉为"中国现存最早的地方植物学志"。

嵇含（263—306），字君道，今安徽省濉溪县人，西晋时期文学家，"竹林七贤"之首嵇康的侄孙。《晋书》记载，嵇含被任命为广州刺史后，尚未到任就被西晋名将刘弘手下的司马郭劢杀害，年仅44岁。有学者研究，《南方草木状》可能是嵇含在永兴元年（304年）任襄城太守时所作，其成书时间距今有1700多年。

《南方草木状》对岭南植物的形态、生活环境、产地和用途都做了详细描述，而且特别重视环境对植物的影响。例如记述"菖蒲：涧中生菖蒲""越王竹：根生石上""薰陆香：生于沙中""桂出合蒲：生必以高山之巅"等。

《南方草木状》不仅是一部岭南地区的植物志，还是植物引种驯化的真实记录，如书中记载黄陆香、指甲花、钩藤子等由大秦（古罗马帝国）引入，茉莉等由番国（吐蕃）引入。还记述了能防柑橘害虫的黄蚁："交趾人以席囊贮蚁，鬻于市者，其窠如薄絮，囊皆连枝叶，蚁在其中，并窠而卖，蚁赤黄色，大于常蚁。南方柑树，若无此蚁，则其实皆为群蠹所伤，无复一完者矣。"这是对柑桔害虫进行生物防治的最早记录，至今仍在有效利用。书中还记载了在浮苇筏上种蕹菜的方法，这是世界上有关水培蔬菜的最早记载。

《南方草木状》叙述典雅，很多篇目都是表述谨严又非常形象生动的小品文。比如对甘蕉的描述："望之如树，株大者一围余……花大如酒杯，形色如芙蓉……根如芋魁，大者如车毂……剥其子上皮，色黄白，味似葡萄甜而脆，亦疗饥。"再如对榕树的描述："叶如木麻，实如冬青。树干拳曲，是不可以为器也；其本棱理而深，是不可以为材也；烧之无焰，是不可以为薪也。以其不材，故能久而无伤；其荫十亩，故人以为息焉。而又枝条既繁，叶又茂细，软条如藤垂下，渐渐及地；藤梢入地，便生根节，或一大株有根四五处，而横枝及邻树即连理。南人以为常，不谓之瑞木。"读之使人心向往之。

《南方草木状》所引古籍《三辅黄图》《林邑记》《琐语》等，非常博雅，所记佚闻故事、风土人情对研究岭南历史地理及民俗亦极有参考价值。如介绍甘薯："盖薯蓣之类，或曰芋之类。根、叶亦如芋，实如拳，有大如瓯者，皮紫而肉白，蒸鬻食之，味如薯蓣，性不甚冷。旧珠崖之地，海中之人，皆不业耕稼，惟掘地种甘薯，秋熟收之，蒸晒切如米粒，仓圌贮之，以充粮糒，是名薯粮。"

在对"抱香履"的介绍中，先是说明抱木生于水松之旁，像寄生植物，质地极柔弱，不胜刀锯，所以可以乘湿时刓而为履，易如削瓜。后面引用了东方朔《琐语》中的典故："木履起于晋文公时。介之推逃禄自隐，抱树而死。公抚木哀叹，遂以为履。每怀从亡之功，辄俯视其履，曰：'悲乎，足下！''足下'之称亦自此始也。"

毫无疑问，鲁迅在抄录《南方草木状》时，不仅熟悉了草木性状，而且见识了岭南佚闻故事、风土人情。

1911年是鲁迅抄录前人草木著述用功最勤的一年。这年的4月，鲁迅"从《说郛》一书中抄录出王方庆所著《园林草木疏》一卷，李翱所著《何首乌录》一卷，杨天惠所著《彰明附子记》一卷，戴凯之所著《竹谱》一卷，赞宁所著《笋谱》二卷，陈仁玉所著《菌谱》一卷，傅肱所著《蟹谱》二卷，这些手稿和别人所抄录的阙名《魏王花木志》等十九种合订为《说郛录要》两册。鲁迅还以明代抄本《说郛》原本批校过其中的周氏所著《洛阳花木记》一卷，赵时庚所著《金漳兰谱》一卷，周氏所著《洛阳牡丹记》一卷，陈翥所著《桐谱》一卷及戴凯之所著《竹谱》一卷"[1]。

鲁迅抄录前人草木著作如此用功,比植物研究专家所下的功夫还要大,这为他一生爱好草木以及以草木为创作材料打下了学养基础。

鲁迅抄录过的我国古代博物学典籍弥足珍贵,今人如能以现代科学的眼光加以实地观察,考订真伪,做一番比较研究,将在博物学研究领域独树一帜。

---

[1] 鲁迅博物馆鲁迅研究室编:《鲁迅年谱长编1881—1921》第一卷,河南文艺出版社,2012。

叶碧而华紫的"一叶兰"

（1911年）

　　鲁迅家里几代人都喜爱兰花，称得上是养兰世家。

　　1933 年 11 月 14 日，鲁迅在致日本友人山本初枝的信中讲道："养兰花是颇麻烦的事，我的曾祖栽培过许多兰花，还特地为此盖了三间房子。不过这些房子，全被我卖了，这委实是兰花的不幸。"

　　鲁迅在信中所说的曾祖是周以埏。为了栽培兰花，竟然特地盖了三间房子。一方面说明鲁迅的曾祖嗜兰成癖，舍得投入，另一方面也说明周家在绍兴是大族，有条件投入和玩赏兰花。

　　据绍兴市鲁迅研究会何信恩先生介绍，周氏家族在绍兴有三个台门，即老台门、新台门、过桥台门。过去周家三个台门使用的灯笼上面写着三个黑色的大字："汝南周。"汝南在河南，周家的祖先也有可能是为了躲避南下的金兵，从汝南到绍兴落户的。还有一种说法是，"汝南"是一种爵位名而非地名。鲁迅祖父周福清在浙江乡试履历上就这样填："始祖元公，宋封汝南伯，学者称濂溪先生，从祀文庙。"濂溪先生就是周敦颐，北宋著名理学家，湖南道州人，在《爱莲说》中留下了"出淤泥而不染"的千古名句。绍兴城里的周氏大族，包括周恩来所属的保佑桥分支百岁堂周氏，都认为周敦颐是他们共同的祖先。

20世纪30年代编的《绍兴县志资料》记载，会稽覆盆桥周家的始祖是周逸斋，从鲁迅的第一世祖周逸斋到第十四代鲁迅，周家历世约400余年，大体上可以分为三个阶段：

从第一代（周逸斋）到第七代（周乐庵）是鲁迅家族的兴盛时期，约240年。

从第八代（周熊占）到第十一代（周以埏）是鲁迅家族的守业时期，约100年。

从第十二代（周福清）到第十四代（周树人）是鲁迅家族的没落时期，约60年。[1]

周氏家族的衰落，鲁迅的祖父周福清在其所写《恒训》中说得很明白："我家高曾祖，勤俭率下，岁有赢余，必置田产，所得租谷，变价买田，故田多而产实。自忠房开宝来饰店、会亨钱庄，始变浮财。各房贪利息之厚，纷纷存放。咸丰辛酉，粤逆犯绍，尽为贼有。始悔不买田之失计，晚矣。我族中落，由此。尔辈知之，如用钱有余，以买田为最好之计，勿存银号，勿开店铺，为市侩所骗，切记，切记。"倪墨炎先生据此分析说，周氏家族的衰落，除"多效奢侈"外，更主要的是受到太平天国与清军战乱的冲击。寿洙邻则在《我也谈谈鲁迅的故事》中说："周氏三台门，嘉、道以来，老台门周以富称，新台门、过桥台门两周以读书世家称。光绪之际，皆衰落矣。"

----

① 参见何信恩《鲁迅家世对鲁迅的影响》，《绍兴文理学院报》2014年3月25日。

倪墨炎先生认为，"这是一个旁观者看周家的兴衰，说得很有分寸，也合实情"。①

1893年周福清科场案发后，周家的家势每况愈下，不可收拾，正应了《红楼梦》中"忽喇喇似大厦倾，昏惨惨似灯将尽"那句话。鲁迅家族的败落也说明，中国封建社会走向没落是无可挽回的必然规律。

被鲁迅卖掉的养兰花的房间在周家新台门，那里是鲁迅的出生地，建于清嘉庆年间，共居住着覆盆桥周氏第九、第十两代分迁过来的六个房族支系，随着周氏各房族支系的逐渐衰落，1918年，经族人共议将整座台门连同百草园一并卖给了东邻朱姓人家。

鲁迅的祖父、父亲也都养过兰花。受此影响，鲁迅从小就喜爱花草，早在三味书屋从寿镜吾先生读书和到绍兴府任教时，就阅读了《兰蕙同心录》《南方草木状》《释草小记》《广群芳谱》等书籍，还在百草园广植花卉。他曾根据自己的经验，订正过《花镜》中的某些讹误。稍大一点，每年二三月份兰花开放时，常约二弟作人、三弟建人去会稽山、兰渚山、箬山，春游、采兰。

1911年，在绍兴中学堂担任生理学教员兼监学的鲁迅，业余时间继续研究植物学，采集植物标本。同年3月18日（农历），鲁迅和周建人、王鹤照去会稽山下的大禹陵游览。出发前，鲁迅要大家带上事先准备好的两只油漆马口铁桶和一把铜

---

①倪墨炎：《从田产变化看鲁迅家族的衰败》，《文汇报》2011年9月26日。

锸。到了大禹陵，浏览了禹庙、窆石亭，就上会稽山采兰。后来，鲁迅写成游记小品《辛亥游录》，记录了两次采集植物标本的详细过程，文简意丰，大有唐人柳宗元《小石潭记》的风韵，读来满眼风光，令人向往。

照录《辛亥游录》其一如下：

> 三月十八日，晴。出稽山门可六七里，至于禹祠。老藓缘墙，败槁布地，二三农人坐阶石上。折而右，为会稽山足。行里许，转左，达一小山。山不甚高，松杉骈立，束木棘衣。更上则束木亦渐少，仅见卉草，皆常品，获得二种。及巅，乃见绝壁起于足下，不可以进，伏瞰之，满被古苔，蒙茸如袈，中杂小华，五六成簇者可数十，积广约一丈。掇其近者，皆一叶一华，叶碧而华紫，世称一叶兰；名叶以数，名华以类也。微雨忽集，有樵人来，切问何作，庄语不能解，乃绐之曰："求药。"更问："何用？"曰："可以长生。""长生乌可以药得？"曰："此吾之所以求耳。"遂同循山腰横径以降，凡山之纵径，升易而降难，则其腰必生横径，人不期而用之，介然成路，不荒秽焉。

鲁迅采到的"一叶兰"究竟是什么品种的兰花？

资料载，一叶兰，又叫"蜘蛛抱蛋"，别名大叶万年青、竹叶盘、九龙盘、竹节伸筋等，为天门冬科、蜘蛛抱蛋属植物，主要分布在中国南方各省区，为多年生常绿草本，叶单生，有时稍具黄白色斑点或条纹。

兰花是浙江省省花，发源自绍兴。2013年2月，杭州市举办"珍品兰花展"，《钱江晚报》记者杨晓政专门就"鲁迅在大禹陵采到的'一叶兰'究竟是什么品种的兰花"采访了西湖景区研究兰花的行家。行家说，一般情况下，同一品种，兰花以花瓣"比肩"者为贵，"垂落"者略逊："'比肩'就是一对花瓣平直着伸展，几乎就像人的肩膀——'一叶兰'，也许就是花瓣比肩的兰花吧！"据报道，杭州少儿公园1000平方米的兰花谷里，当时仅栽种了20株幽兰，市民游客可以寻找带着野趣的"一叶兰"，体验鲁迅当年遇见地栽"一叶兰"的惊喜。①

照录《辛亥游录》第二则如下：

八月十七日晨，以舟趣新步，昱而雨，亭午乃至，距东门可四十里也。泊沥海关前，关与沥海所隔江相对，离堤不一二十武，海在望中。沿堤有木，其叶如桑，其华五出，筒状而薄赤，有微香，碎之则臭，殆海州常山类软？水滨有小蟹，大如榆荚。有小鱼，前鳍如足，特以跃，海人谓之跳鱼。过午一时，潮乃自远海来，白作一线。已而益近，群舟动荡。俊及目前，高可四尺，中央如雪，近岸者挟泥而黄。有翁喟然曰："黑哉潮头！"言已四顾。盖越俗以为观涛而见黑者有咎。然涛必挟泥，泥必不白，翁盖诅观者耳。观者得咎，于翁无利，而翁竟诅之矣。潮过雨霁，游步近郊，爱见芦荡中杂野菰，方作紫色华，劚（zhú，掘，挖，砍）得

①参见2013年2月17日杭州网杭州新闻中心《城市新闻》。

数本，芦叶伤肤，颇不易致。又得其大者一，欲移植之，然野菰托生芦根，一旦返土壤，不能自为养，必弗活矣。

这则小品文中提到的植物有：

海州常山。即海州常山马鞭草科的一种药用植物，通称臭梧桐，又称臭牡丹。宋人苏颂《图经本草》载"海州出者，叶似楸叶，八月开花，红白色，子碧色，似山楝子而小"。海州，即今江苏连云港一带。臭梧桐花萼紫红色，花冠白色或带粉红色，花形奇特美丽，花期长，果实色彩鲜艳，是优良的秋季观花、观果树种。

另外还有野菰。一年生寄生草本，茎黄褐色或紫红色，花萼紫红色、黄色或黄白色，常寄生于芒属和甘蔗属等禾草类植物根上，能治扁桃体炎，外用能治毒蛇咬伤。鲁迅采到的野菰寄生在芦苇荡中，芦叶易划伤皮肤，采集不易。鲁迅还想移植其中较大的一棵野菰，但野菰托生芦根，一旦栽入土中，一定活不了，终于没有移植。

鲁迅的两则小品文除记录植物花卉及所见所闻外，第一则还总结分享了户外探险的常识，即"凡山之纵径，升易而降难，则其腰必生横径，人不期而用之，介然成路，不荒秽焉"。也就是说，上山容易下山难，山腰之半必有横着的路，都是行人无意中走出来的。这让人想起他的名言："希望本是无所谓有，无所谓无的。这正如地上的路；其实地上本没有路，走的人多了，也便成了路。"第二则写到了钱塘江的黑潮头，窃以为是写钱塘江大潮最简约而生动的文字："过午一时，潮乃自远海来，白作一线。已而益近，群舟动荡。倏及目前，高可四尺，中央如雪，近岸者挟泥而黄。"和普通写潮头的文字不同，鲁迅描写了情景，还顺手分析了人性："有翁喟然曰：'黑哉潮头！'言已四顾。盖越俗以为观涛而见黑者有咎。然涛必挟泥，泥必不白，翁盖诅观者耳。观者得咎，于翁无利，而翁竟诅之矣。"浙江民俗认为，观潮时见到黑潮不吉利。但是鲁迅认为"涛必挟泥，泥必不白"，老头借此诅骂周围观潮之人，虽然这对他本人并没有什么好处，可是他竟然还这么做。一篇小品文由此承担了杂文的责任。

《辛亥游录》发表在1912年2月出版的绍兴《越社丛刊》第一辑，借署"会稽周建人乔峰"。无论是兰花还是野菰，无论是"松杉骈立，束木棘衣"还是"沿堤有木，其叶如桑"，鲁迅爱兰、采花、爱树木之情状，仿佛就在眼前。

如松之盛

（1912年）

1912 年 11 月，由绍兴县教育会会长宋子佩发起的《天觉报》创刊。

11 月 1 日的创刊号上，刊载了一封鲁迅从北京发来的贺电，贺词是："敬祝《天觉报》出版自由。北京周树人祝。"与此同时，创刊号上还有一幅题作《如松之盛（预才祝）》的美术作品。

此"预才"是不是鲁迅？《如松之盛》是不是鲁迅的作品？学界曾开展过热烈讨论。

王锡荣先生选编的《画者鲁迅》一书收入此画，认为是鲁迅创作的美术作品。倪墨炎先生则在《文汇报·笔会》（2008年 8 月 19 日）发表文章，列举八大理由，认为不是鲁迅作品。接着，顾农先生针对倪墨炎先生的理由，在《博览群书》（2010 年第 9 期）发表文章认为，这幅画确有可疑之处，但不必断然否定它有可能是鲁迅的作品。

笔者赞同顾先生的观点，倾向于认为这幅画是鲁迅先生的美术作品。

鲁迅日记 1912 年 10 月 30 日载："得天觉报社信，二十四日绍兴发，内出版露布一枚，征文广告一枚，宋子佩列名。"

宋子佩是鲁迅在绍兴执教时的学生，《天觉报》的发起人之一。倪先生分析说，京绍之间当时通信，邮程在六天左右，鲁迅接到《天觉报》社信后，不可能立即展纸研墨作画寄送绍兴而于11月1日在报纸上刊出。

其实，鲁迅之前就知道绍兴创办《天觉报》的事，创刊号发表他的贺词即可证明，所以，不能完全排除他先期作画为贺的可能。

倪先生还认为，"预才祝"也不能证明此"预才"就是鲁迅，理由是"豫"和"预"不能通用，鲁迅从不把自己的"字"写成"预才"。

其实，"豫"和"预"可以通用，鲁迅自己说，他常把"豫才"写作"预才"。青年鲁迅曾对熟人说：

> 我的父亲为我取名的意思，是希望我成为"豫章之材"。而我呢，还在"预"备，我在杭州教书，也教的是预科。所以，我总是写这个"预"，不写那个"豫"。①

可见，鲁迅总把"豫才"写作"预才"，意思是他正在预备成材。另外，1912年的鲁迅几乎寂寂无名，不可能另有一个"预才"来冒他的名。

倪先生对于此画的其他论述过于倚助鲁迅日记是否记述，所以也就失去了论述的意义。鲁迅固然习惯记日记，但平生许

---

①转引自吴作桥等编《再读鲁迅——鲁迅私下谈话录》，时代文艺出版社，2005。

多事情，日记中往往不载。他自己也说，这日记是写给自己看的，"写的是信札往来，银钱收付，无所谓面目，更无所谓真假"（《马上日记》）。

由于"预才祝"已经提供了确切甚至唯一的证据，笔者认为，《如松之盛》可以认定为鲁迅的美术作品。

这幅《如松之盛》松梢婀娜，树干虬劲，嫩叶清新。鲁迅不是专业画师，画技却入木三分。细看此画树枝，正好勾成"天觉"两字，整幅画的祝词是"天觉如松之盛"。画幅只有一张信笺大小，但一派高士风骨。"如松之盛"隶书体笔墨诚实，雄迈而静穆。鲁迅的文字向来以"手术刀般的犀利"而著称，他的画功也不落俗套，看上去得心应手、果敢坚决。这幅画，入木三分地刻画了一棵普通松树的威仪，传达了一代知识分子渴望出版自由的心愿。这是一种政治热情，更是 20 世纪初一代知识分子的心理需求。

陈丹青在《笑谈大先生》中介绍，鲁迅从小迷恋绘画，童蒙时代即描摹《荡寇志》和《西游记》等民间绣像。到北平后，他收藏大量古代石刻拓片，经济稍宽后，尤其移居上海之后，大量购藏西洋和东洋画册，收存的青年木刻家的作品多至两千件上下，又请托留洋的晚辈替他在欧洲寻购版画，还跟苏联版画家交换作品，数年累积，多达数百件。他是中国木刻运动的导师。

鲁迅不是专业美术大师，却是新美术运动史上执话语之牛耳的卓然大家。他看待绘画的眼光非常开阔、锐利，几乎以一己之力，确立了中国新美术的审美标准。

他说，美术者，有三要素：一曰天物，二曰思理，三曰美化。

他说，宋末以后，除了山水，实在没有什么绘画，山水画的发达也到了绝顶，后人无以胜之。

他说，世界上版画出现得最早的是中国，或者刻在石头上，给人模拓，或者刻在木板上，分布人间。

他说，雅人往往说不出他以为好的画的内容来，俗人却非问内容不可，从这一点看，连环图画是宜于俗人的。

他说，漫画的第一件要紧事是诚实，要确切地显示了事件或人物的姿态，也就是精神。

……

鲁迅所作之画极少，而且大多不传。他临摹的《荡寇志》和《西游记》绣像，因为要钱用，卖给一个有钱的同窗了；还有两幅画没有留存下来，一是《射杀八斤》，一是《刺猬撑伞》。视之弥贵，读之弥珍，鲁迅亲自设计的封面图案、一幅《活无常图》和一幅《如松之盛》，是我们能看到的鲁迅美术手迹的一部分，只此一鳞半爪便足以看出鲁迅的美术修养。

《天觉报》报社的董事长是陶子璋，董事为稽山公会（绍兴稽山一带乡董成立的十三乡自治联合会）士绅，社址在绍兴城区小坊口稽山公会内。办报宗旨是"凡振兴教育，提倡实业，指导社会，匡辅政府以及鼓吹尚武精神，发展民生主义诸大端皆当竭尽绵力，敢以觉者觉人"。《天觉报》于"二次革命"前即进行讨袁宣传，言论激烈，有"或曰袁之头衔曰总统，袁之心理实皇帝""中华民国之共和政体被袁玷污矣"等语。报纸常评论时局，以抒发丧权辱国之忧恨，如"锦绣河山竟无净土，庄严神州势如危卵，我不禁为民国前途哭"。

民国三年（1914年）一月，政治环境恶化，办报维艰，《天觉报》停刊，鲁迅为其创刊号所作《如松之盛》乃成经典之作。

从密叶缝里看那一点一点的青天

（1912年）

1912 年 5 月，鲁迅随教育部到北平，入住宣武门外山会邑馆（绍兴会馆）藤花别馆。

资料载，绍兴会馆旧址位于南半截胡同 7 号，始建于清道光六年（1826 年），其规模在北京现存的会馆中属于中等。鼎盛时期，会馆内有"仰级堂""涣文萃福之轩""藤花别馆""绿竹舫""嘉阴堂""补树书屋""贤阁""怀旭斋"等建筑。

鲁迅最初居住在藤花别馆，5 月 6 日"下午以避喧移入补树书屋"。

据周作人介绍，补树书屋在绍兴会馆南部第二进院落的西头，有槐树藤荫之美，更为独立幽静。书屋旧式装潢，窗户上下都是花格糊纸，没有玻璃，鲁迅选择四间西房中靠南的一间为卧室。由于地方偏僻，一些内急的客人甚至误以为无人而前来"方便"，鲁迅呵斥无效，便自制小弓箭驱赶不速之客。①

补树书屋是一个偏僻幽静的独院，传说院内最初长着一株大楝树，因被狂风刮倒，又补种了槐树，故名"补树书屋"。

---

① 周作人：《知堂回想录》，北京十月文艺出版社，2013。

最早把这棵槐树写到文学作品里的，是刘半农。

1918 年 3 月 15 日出版的《新青年》第四卷第三号刊登了
沈尹默、胡适、陈独秀、刘半农四人的同题白话诗歌《除夕》，
刘半农写的是 1918 年除夕之夜在绍兴会馆与周氏兄弟聊天的
情形。这首诗流传甚广，因为刘半农写出了"此时谁最闲适？
地上只一个我！天上三五寒星！"这样著名的诗句。但一般读
者并没有注意到诗歌第一节对环境的交代：

> 除夕是寻常事，做诗为什么？
> 不当它除夕，当作平常日子过。
> 这天我在绍兴县馆里，馆里大树甚多。
> 风来树动，声如大海生波。
> 静听风声，把长夜消磨。

"风来树动，声如大海生波"，刘半农的感官非常灵敏，他
在除夕之夜听见了院子里风来树动而发出的大海波涛一般的呼
啸声，更加衬托出绍兴会馆幽静、闲适的气氛。钱振文先生对
此评论道："这是一个人心满意足的时刻，获得了心灵的安宁
和温馨的时刻。显然，1918 年寒冬里的那个除夕夜，刘半农在
绍兴会馆里获得了这种心灵的安宁和温馨。""事过境迁之后，
真正让他记住的是那天晚上身处其中的外部环境——会馆里的
'大树'和会馆外的'寒星'。"①此论甚当，笔者深以为然。

---

① 钱振文：《绍兴会馆里的树》，《文汇报》2018 年 10 月 19 日。

"我想，你可以做点文章……"

鲁迅在补树书屋酝酿着新文学的第一声呐喊，这棵槐树见证了笔名"鲁迅"的诞生，载入了中国现代文学史的典籍，构成了《狂人日记》诞生的地理或生态背景。

鲁迅在《呐喊·自序》中生动描写了会馆院子中的环境、与槐树有关的传说，以及金心异（钱玄同）为创刊不久的《新青年》一次次来绍兴会馆催促鲁迅写稿的情形：

> S会馆里有三间屋，相传是往昔曾在院子里的槐树上缢死过一个女人的，现在槐树已经高不可攀了，而这屋还没有人住；很多年，我便寓在这屋里钞古碑。客中少人来，古碑中也遇不到什么问题和主义，而我的生命却居然暗暗的消失了，这也是我唯一的愿望。夏夜，蚊子多了，便摇着蒲扇坐在槐树下，从密叶缝里看那一点一点的青天，晚出的槐蚕又每每冰冷的落在头颈上。

在鲁迅的记忆中，绍兴会馆这个特殊的空间，是由一棵槐树来定位的，这棵槐树也成了现代文学史上一个意味深长的意象，正如钱振文先生所言："绍兴会馆里的那棵曾经吊死过一个女人的槐树帮助构成了一个鲁迅一生感悟良多的空间形式——暗夜空间。绍兴会馆里老槐树细密的枝叶构成了一种笼罩和压抑的效果，'从密叶缝里看那一点一点的青天'的人是孤独的、落寞的，蚊虫的骚扰和槐蚕的惊吓只是加剧了这种寂静和落寞。这时候，金心异的出现才带有真正的动感和温暖。"

据周作人回忆，1917年张勋复辟失败后，钱玄同隔三岔五来找鲁迅聊天的时候正是盛夏8月，他们关于"铁屋子"的对话正是在槐树下进行的。

鲁迅这样描述：

那时偶或来谈的是一个老朋友金心异，将手提的大皮夹放在破桌上，脱下长衫，对面坐下了，因为怕狗，似乎心房还在怦怦的跳动。

"你钞了这些有什么用？"有一夜，他翻着我那古碑的钞本，发了研究的质问了。

"没什么用。"

"那么，你钞他是什么意思呢？"

"没有什么意思。"

"我想，你可以做点文章……"

我懂得他的意思了，他们正办《新青年》，然而那时仿佛不特没有人来赞同，并且也还没有人来反对，我想，他们许是感到寂寞了，但是说：

"假如一间铁屋子，是绝无窗户而万难破毁的，里面有许多熟睡的人们，不久都要闷死了，然而是从昏睡入死灭，并不感到就死的悲哀。现在你大嚷起来，惊起了较为清醒的几个人，使这不幸的少数者来受无可挽救的临终的苦楚，你倒以为对得起他们么？"

"然而几个人既然起来，你不能说决没有毁坏这铁屋的希望。"

是的，我虽然自有我的确信，然而说到希望，却是不能抹杀的，因为希望是在于将来，决不能以我之必无的证明，来折服了他之所谓有。于是我终于答应他也做文章了，这便是最初的一篇《狂人日记》。从此以后，便一发而不可收，每写些小说模样的文章，以敷衍朋友们的嘱托，积久就有了十余篇。

从此，这棵曾经缢死过一个女人、在常人看来不太吉利的槐树便进入了中国现代文学史并被读者牢牢记住了。

1917 年鲁迅和钱玄同在槐树下关于铁屋子的对话，使人想起了公元 208 年刘备、诸葛亮的"隆中对"，以及 1945 年毛泽东和黄炎培的"窑洞对"。笔者将鲁迅和钱玄同的对话称作"槐树对"，其结果便是周树人以"鲁迅"为笔名发表在 1918 年 5 月 15 日 4 卷 5 号《新青年》月刊上的《狂人日记》。该文章后收入《呐喊》，编入《鲁迅全集》第一卷。

1918 年 8 月 20 日，鲁迅在写给友人许寿裳的信中谈到创作《狂人日记》的因由："……偶阅《通鉴》乃悟中国人尚是食人民族，因成此篇。此种发见，关系亦甚大，而知者尚寥寥矣。"《狂人日记》是鲁迅长久沉默之后的第一声"呐喊"，交织着愤怒不满和希望祈求，被学界公认为是一篇彻底的反封建的宣言，也是作者此后全部创作的"总序言"。

1917 年 4 月，周作人自家乡北上京城谋职，也住进了补树书屋，鲁迅将南面那间房让给了二弟，自己搬到北头一间住。关于这棵槐树和补树书屋，周作人描述甚详："这补树书屋便在会馆南边的两个院子的里进……靠近圆洞门的东头有一株大槐树，这树极是平常，但是说来很有因缘，据说在多少年前有一位姨太太曾经在这里吊死了，可能就是这棵槐树上，在那时树已高大，妇女要上吊已经够不着了，但在几十年以前或者正是刚好吧。因此之故，会馆便特别有这一条规定，凡住户不得带家眷，这使得会馆里比较整齐清净，而对于鲁迅亦不无好处，因为保留下补树书屋，容得他搬去避喧，要不然怕是早已有人抢先住了去了。"[①]

周作人还这样描述："补树书屋是一个独院，左右全没有邻居……槐树绿阴正满一院，实在可喜，毫无吊死过人的迹象，缺点只是夏秋之交有许多的槐树虫，满地乱爬，有点讨厌。""这院子与树那么有关系，是很有意思的一件事。""补树书屋里的确不大热，这大概与那槐树很有关系，它好像是一顶绿的大日照伞，把可畏的夏日都给挡住了。"[②]

无独有偶，也是在1919年，周作人的学生俞平伯在北京东城老君堂购置了一处宅院，院中也有一棵大槐树，绿荫满院，俞平伯的书房因此就叫"古槐书屋"，这是朱自清命名的。周作人在为俞平伯《古槐梦遇》一书所作的序中说："有一天，我走去看他，坐南窗下而甚阴凉，窗外有一棵大树，其大几可蔽牛，其古准此，及我走出院子里一看，则似是大榆树也。"[③]周作人学识渊博，"多识于鸟兽草木之名"，他对这棵树的判断应该不会错。当然周作人也并没有拘泥于"强分槐柳"："大抵

①周作人：《知堂回想录·绍兴县馆（二）》，北京十月文艺出版社，2013。
②周作人：《知堂回想录·补树书屋的生活》，北京十月文艺出版社，2013。
③周作人：《周作人自编集：苦茶随笔》，北京十月文艺出版社，2011。

亭轩斋庵之名皆一意境也。""若书屋则宛在，大树密阴，此境地确实可享受也，尚何求哉，而我于此欲强分别槐柳，其不免为痴人乎。"追求审美情趣时，将错就错可矣。"若书屋则宛在，大树密阴，此境地确实可享受也"，据此也可以类推周作人对补树书屋的态度。

绍兴会馆中的槐树，在画家孙福熙的笔下也出现过，时间是1925年8月。其时，孙福熙从法国留学回国不久，他写了一篇散文《北京乎》，其中写到了绍兴县馆和县馆里的槐树：

> 在绍兴县馆中，大清早醒来，老鸹的呼声中，槐花的细瓣飘坠如雪，两株大槐树遮盖全院，初晴的日光从茂密的枝叶缺处漏下来，画出青烟颜色的斜线，落在微湿而满铺槐花的地上，留下蛋形与别的形状的斑纹。新秋的凉爽就在这淡薄的日光中映照出来，我投怀于我所爱的北京。①

孙福熙是鲁迅的老朋友孙伏园之弟，鲁迅曾约请他为自己的散文诗集《野草》和译作《小约翰》画过封面。作为画家，孙福熙非常留意日光穿过槐树枝叶时形成的光影效果，这段文字可以说是对鲁迅"从密叶缝里看那一点一点的青天"的具体化。

绍兴会馆院中的大槐树见证了"鲁迅"这个伟大的名字在"五四"前夜的诞生，而鲁迅与钱玄同在这棵槐树下著名的

---

① 孙福熙：《北京乎！》，金城出版社，2018。

"槐树对"，也为中国现代文学增添了英雄出世的传奇色彩。

不过，这棵著名的槐树 20 世纪 60 年代就已经不见了。当年，鲁迅博物馆的干部邀周作人去看补树书屋的现状，"结果是什么都没有看得"，"诚然是门庭院落依然如故，那圆洞门已经毁坏，槐树也不见了"。这是周作人在《知堂回想录》中所说的话。

窗前枣叶簌簌乱落如雨

（1912年）

鲁迅随教育部到北京后，生活和工作环境都发生了很大变化。初到北方的鲁迅对北京的风景是很敏感的，第一则日记（1912 年 5 月 5 日）中就流露出了对北方风景的失望之情："上午十一时舟抵天津。下午三时半车发，途中弥望黄土，间有草木，无可观览。"

"途中弥望黄土，间有草木，无可观览"确实与南方的郁郁葱葱形成了反差，即便是现在，这种反差也还是很明显。但到了秋冬季节，鲁迅适应北方气候了，同时北京的美显现了，他的字里行间便流露出欣赏之情。如 1912 年 10 月 27 日日记："晴。星期休息。午后张协和来。下午钱稻孙来。本馆祀先贤，到者才十余人，祀毕食茶果。夜微风，已而稍大，窗前枣叶簌簌乱落如雨。"末一句写的是绍兴会馆枣树在大风中"簌簌乱落如雨"的景象。

鲁迅在绍兴会馆住了七年又七个月。在这里，他是一条蛰伏的文化巨龙，也是一个沉默的思想巨人。如果从庄子哲学的角度看，绍兴会馆的弱八年，可以视作鲁迅一生的"黄金时代"——没有兄弟失和，没有受当局通缉，没有承受"娶二房"的非议，没有与人争斗的"睚眦必报"。虽然蛰伏的时候是迷茫而沉闷的，但鲁迅却并不颓废，类似于"窗前枣叶籁籁乱落如雨"这种唯美的白描手法，经常出现在他的日记中，冬日的一场小雪、一片暖阳，或者平常的一片月色，对他来说也是赏心悦目的，这种审美在鲁迅后期的日记中几乎是看不见的。如"风而日光甚美""晨微雪如絮缀寒柯上，视之极美"。被任命为金事的那天，他写道："晚钱稻孙来，同季市饮于广和居，每人均出资一元。归时见月色甚美，骤游于街。""上午同司长及数同事赴国子监，历览一过后受午饭，饭后偕稻孙步至什刹海饮茗，又步至杨家园子买蒲陶，即在棚下啖之。"中秋，"晚铭伯、季市招饮，谈至十时返室，见圆月寒光皎然，如故乡焉，未知吾家仍以月饼祀之不"。立冬那天，鲁迅"易竹帘以布幔，又购一小白泥炉，炽炭少许置室中，时时看之，颇忘旅人之苦"。如此等等，不一而足。

鲁迅记录"窗前枣叶籁籁乱落如雨"的同时，也以特殊的兴趣记录着每天的天气状况。

对于记录每天的阴晴，鲁迅自己也在1926年7月7日的《马上日记之二》开篇中说："每日的阴晴，实在写得自己也有些不耐烦了，从此想不写。好在北京的天气，大概总是晴的时候多；如果是梅雨期内，那就上午晴，午后阴，下午大雨一阵，听到泥墙倒塌声。不写也罢，又好在我这日记，将来决不会有气象学家拿去做参考资料的。"气象学家是否将鲁迅的日记当作参考资料不得而知，但以此为话题也是颇有意味的。

公开出版的《鲁迅日记》收录了鲁迅从1912年5月5日随教育部北迁到北京当天起，至1936年10月18日在上海去世前一天共 25 年的日记。日记写得简约精练又不无情趣，包含鲁迅饮食起居、书信来往、亲友往来、文稿撰写、旅行游历、人情消费、文玩书帐等多方面内容，对他个人而言是一本流水账，对后世研究者而言却是重要的第一手文献。

鲁迅最初记日记时，很少涉及天气情况，1912 年 5 月、6 月只有"夜小雨""雨，傍午霁""午后小雨，旋止"这样的零星记录。当年 7 月份之后，天气情况渐渐成了日记的重要组成部分，渐渐引人注目起来。即便当天无事可记，对天气的记录也必不会少，"无事。晚大风小雨"这样的记录随处可见。天气情况甚至营造了鲁迅日记中的一种特殊氛围。大先生对天气变化情况之留意，对四季更替迹象之敏感，在同时代的文人群中无有出其右者，堪称民国"首席气象记录师"。

快速阅读鲁迅日记中完整的一年，春夏秋冬、风雨雷电依次从眼前徐徐而过，天气冷了又热了，热了又冷了，时光飞逝，节气变易，天增岁月人增寿，万事万物新生又老去的感觉非常明显，给人一种奇妙的阅读体验。笔者认为，鲁迅热心于记录气象，与其国内学矿、留日学医的"理工科"出身不无关系。他翻译科幻小说，撰写科学论文，作文合乎理性而不堕入虚妄，人文精神中富含科学精神。日记中随手记录的气象，既可视作私人趣味，也可看作对"观象授时"的重视，对四季轮回的敏感，对岁序更替的审视，这些，都渗透在鲁迅的生命哲学中。

值得注意的是，鲁迅在教育部社会教育司任职期间，最早提出了"自然保护"这一概念，做了一些开创性的工作，如发表《拟播布美术意见书》指出："华或槁谢，林或荒秽，再现之际，当加改造，俾其得宜，是曰美化，倘其无是，亦非美术。"[①] 其中单辟《保存事业》一章，除对著名之建筑、碑碣、壁画及造像的保存提出意见外，更是专门提及"林野"："当审察各地优美林野，加以保护，禁绝剪伐；或相度地势，辟为公园。其美丽之动植物亦然。"这是很超前的自然保护的构想。

鲁迅不仅有构想，而且有行动，他于 1912 年 6 月 14 日"与梅光羲、胡玉缙赴天坛及先农坛，考察其地能否改建公园"。先农坛于 1915 年被辟为先农公园，1918 年改为城南公园。社稷坛于 1914 年被辟为中央公园（1928 年改称中山公园）。天坛则在 1918 年被辟为公园。将旧日帝王坛庙变为人民共享的公园，使北京出现了近代公园，鲁迅等前辈有功焉。

---

① 鲁迅：《拟播布美术意见书》，《教育部编纂处月刊》1913 年 2 月。

万生园夏天倒也很可看

（1919年）

　　鲁迅到北京后，在新的工作环境中，没有继续过去的植物学研究，但对动植物还是保持着持久的注意力。鲁迅是一个并不耽于旅游的人，在北京，除了中央公园，万生园是鲁迅游览最多的地方，可见他还是很喜欢花木聚集之所。

　　鲁迅 1912 年 5 月 5 日到达北京，5 月 19 日即"与恂士、季市游万生园"。1916 年 4 月 16 日"午后得铭伯先生柬，午后同游农事试验场"。1916 年 9 月 17 日，周建人来北京，鲁迅又特地陪他去万生园："同三弟游万生园。下午微雨。晚买蒲陶二斤归。"1917 年 10 月 20 日，"上午季市来，并同二弟游农事试验场"。

　　以后两次去，更是举家出动，非常热闹：

　　1919 年 11 月 19 日，"上午同重君、二弟、二弟妇及丰、谧、蒙乘马车同游农事试验场，至下午归，并顺道视八道湾宅"。

　　这则日记记明是乘马车去的。据邓云乡先生介绍，其时北京的马车是有玻璃窗的，内分正座、侧座，可坐四个人。这里正好四个大人，丰、谧、蒙是三个孩子，最大的是周丰一，当时大约不过七八岁，所以孩子们应当是坐在大人身边或怀里了。

　　鲁迅迁入八道湾宅，鲁老太太来京之后，他又陪老太太游了一次，那是1920年4月25日："晴。星期休息。午后同母亲、二弟及丰游三贝子园。"

据钱振文先生介绍，鲁迅上述日记中的万生园、农事试验场、三贝子园是同一个地方，即现在的北京动物园。但那时候的万生园并不只是动物园，其中的大半部分还是植物园和农作物试验场。①

万生园的前身是清末成立的农事试验场，建于1906年，与京师图书馆（北京图书馆前身，今国家图书馆）、京师大学堂（北京大学前身）一样，都是清末新政催生的产物。其时，清廷将工部、商部合并，成立农工商部，在振兴工商业的同时，重视农业生产，创办农事试验场是其改良农业、振兴农业经济的一项主要措施。由于此前全国各地创办农事试验场进度缓慢，合并后的农工商部加强了自办农事试验场的力度。京师为首善之区，理应率先垂范。场址最终选定在北京西直门外高梁桥以西乐善园毗连继园一带，北靠长河，"土脉肥饶，泉流清冽，近由商部奏请拨为农事试验场，广兴种植，以为各省模范"。京师农事试验场在乐善园、继园、广善寺、惠安寺及附近官地的基础上兴建而成，部分地盘是清初为康亲王在明代皇庄旧址上辟建的别业。其中包含可园，在西直门外正西，俗名"三贝子花园"。②

创办京师农事试验场以后，农工商部广泛征调、搜集优良植物品种，引进外国优秀良种与生产技术，开展试验研究加以

①钱振文：《鲁迅的花与树》，《文汇报》2018年1月30日。
②参见关永礼《百年长忆万生园》，《书屋》2013年第1期。

推广。场内开辟出动物园，又从德国运来了印度象、斑马、花豹、狮子、老虎、袋鼠、驼鸟等动物。从1907年7月起，京师农事试验场内附设的万生园先期开放，公开展览这些购自欧洲和征自全国各地的动物。同时规定，男女不同游，每周一、三、五、日对男性游客开放，二、四、六对女性游客开放。不久，此项规定取消。中国近代公共动物园从此诞生，时称"万生园"，一时轰动京城，市民无不好奇，竞相前来参观，视为时髦之事。

关于万生园园名，有"万牲园"与"万生园"之争议，姜纬堂先生曾加以辨正。他认为，"万牲园"之称为"万生园"的同音讹写，世人不察，以至以讹传讹。姜纬堂引征故典，说明"万生"一词出处："唐朝韩愈《题炭谷湫祠堂》诗：'万生都阳明，幽暗鬼所寰。'所谓'万'，示数量之极，其意与'众'相似；所谓'生'，指生命，即俗语所说的'活物'。"如用"万牲"二字，则无故典依据，而且不合常理。因为"动物园所饲养、展览者，皆野生动物，且不仅有兽类，更有禽类、鳞类、介类、虫类等。因而，绝不是'牲'这个概念所能包括得了的"。当时京师农事试验场的公告、出版物、动物展区悬挂的牌额以及清末民初人的游记，均写为"万生园"。[①]

民国之初，鲁迅到北京的时候，京师农事试验场已更名为中央农事试验场。新中国成立后，辟为西郊公园，1955年正式命名为北京动物园，牌匾为时任中国科学院院长的郭沫若题

---

① 姜纬堂：《旧京述闻》，山西人民出版社，2002。

写。2006 年，农事试验场被定为国家重点文物保护单位。

万生园虽然一再改换名称，但老北京习惯上还是叫它"三贝子园"。此说不全面也不准确，因为三贝子花园仅是构成北京动物园的一部分而非全部。"贝子"是满语"固山贝子"的简称，亲王、郡王之子有的封为"贝勒"，"贝勒"之子得封为"贝子"。有关"三贝子"为谁，聚讼纷纭，难以定论。一种说法是福康安，另一种说法是裕亲王后裔载濂，又一种说法是诚隐亲王允祉，康熙帝第三子。

叶德辉有一首《游万生园诗》，写的是民国初年游万生园的情况，和鲁迅几次游览的时间相近，可见当年盛况："万生园中列万物，飞潜动植充林麓。………钱髯语我园游好，四月黄云麦秋早。入门突见两长人，伛偻接客如山倒。迤逦携手与周行，青苍步步连芳草……"[1] 接下来写了虎啸狮吼及狐狸、鼠兔、斑马、鹦鹉等。后半首则写农事植物，如"桃李杏梅奈柿枣，百果分种连花田"等。万生园繁盛时期的状况，一望可见。

邓云乡先生则描述万生园鸣禽馆中有一只八哥，会叫"卖报，卖报！""混蛋，混蛋！"[2] 最能引人兴趣。

1926 年，鲁迅在《马上支日记》7 月 3 日（农历）的记录中，提到了万生园：

> 热极，上半天玩，下半天睡觉。

---

[1] 叶德辉：《叶德辉诗集》，印晓峰校注，华东师范大学出版社，2010。
[2] 邓云乡：《鲁迅与北京风土》，文史资料出版社，1982。

晚饭后在院子里乘凉，忽而记起万生园，因此说：那地方在夏天倒也很可看，可惜现在进不去了。田妈就谈到那管门的两个长人，说最长的一个是她的邻居，现在已经被美国人雇去，往美国了，薪水每月有一千元。

这话给了我一个很大的启示。我先前看见《现代评论》上保举十一种好著作，杨振声先生的小说《玉君》即是其中的一种，理由之一是因为做得"长"。

我于这理由一向总有些隔膜，到七月三日即"马厂誓师再造共和纪念"的晚上这才明白了："长"，是确有价值的。《现代评论》的以"学理和事实"并重自许，确也说得出，做得到。

鲁迅在文章中说万生园夏天的风景很好，是消暑乘凉的好地方。叶德辉诗中写此园四月的风景如下："西行忽见飞桥连，下有曲涧鸣流泉。舟子抱桨眠柳絮，园丁缚帚扫榆钱。"其诗描写极其生动。邓云乡先生评价："这里春天好，夏天更好，高柳荫浓，荷塘风软，因为是几个名园的底子，所以很有些池沼流水、林木乔柯，足以点缀景色，正象鲁迅先生所说：在夏天倒也很好看。"[1]

至于鲁迅文章中所说的"可惜现在进不去了"，指段祺瑞执政时有一个时期，农事试验场不开放，要有熟人才能进去。

"管门的两个长人"，就是门口收门票的两个大个子，也就

---

[1] 王士菁：《鲁迅传》，中国青年出版社，1959。

是叶德辉诗中"入门突见两长人","身高都在两米以上，收票时常常跷起腿来，踏到对面铁栏上，孩子们仰着头好奇地望他，从他腿下面钻过去"（邓云乡）。其中一人还被美国人雇到好莱坞去拍电影，成为一时的新闻人物。不过这两个人并没有发财，而且老境很潦倒。

鲁迅从万生园的两个"长人"谋生的方式联系到《现代评论》上保举杨振声的小说《玉君》为好著作，理由之一竟是作得"长"。鲁迅说，他对这理由"一向总有些隔膜"，说明他对《现代评论》评选标准不认同，对杨振声的这部小说不认可。

真是胸中自有天下事，飞花落叶皆文章。至于谁是谁非，得失何在，不在本文讨论范围内。

八道湾的大叶杨有风就响

（1920年）

鲁迅在北京拥有自己的住宅，为他亲手栽种各种花木创造了条件。

1919年8月19日，鲁迅买下八道湾罗姓屋，"买罗氏屋成，晚在广和居收契并先付见泉一千七百五十元，又中保泉一百七十五元"。11月21日，鲁迅与周作人及家属移入八道湾宅。

这是周氏兄弟在北京的第一处房产，安居乐业之所。八道湾11号是个有三进院落的标准四合院，院子空地很大，树木繁多。根据周丰二作于1987年的一幅八道湾11号示意图，20世纪20年代的八道湾11号院子里共有大小树木48棵。这些树木有的是原来就有的，但也有相当一部分是鲁迅种植的。1920年4月16日，鲁迅"晚庭前植丁香二株"，在这处房产留下了自己的痕迹。

除这二株丁香外，鲁迅还在八道湾宅种了一棵白杨。当时在北京大学读书的常惠回忆当年拜访鲁迅的经过时，对此有一段描述："他把我们让进屏门外南屋，这是先生的书房，又坐下来谈话。过了一会儿，就听院子里响起哗啦啦的声音，我们赶紧站起来告辞说：'坐的时间久了，把雨都等来了。'先生笑了起来，说：'这哪儿是雨呀！你们没有见屏门外那棵树吗？

晚庭前植丁香二株

是树上叶子响。那是棵大叶杨，叶子大，刮小风就响，风大了响声更大，像下雨一样。这棵树是我栽的，大叶杨有风就响，响起来好听，我喜欢这树。'"①

对这棵"有风就响""响起来好听"的白杨树，章廷谦也曾说过："以前在八道湾住宅的室前，有一棵青杨，笔挺的耸立在院中，俯瞰众芳，萧萧常响的，就是他所栽种也是他所心爱的。"②

八道湾是周氏兄弟共同的宅院，这棵白杨树不仅鲁迅喜欢，周作人也喜欢。1930 年 12 月 25 日，周作人在"北平煨药庐"即自己的书斋写过一篇《两株树》，其中也写到常惠和章廷谦记忆中的那株白杨树：

> 树木里边我所喜欢的第一种是白杨。小时候读古诗十九首。读过"白杨何萧萧，松柏夹广路"之句，但在南方终未见过白杨，后来在北京才初次看见。谢在杭著《五杂俎》中云：
>
> "古人墓树多植梧楸，南人多种松柏，北人多种白杨。白杨即青杨也，其树皮白如梧桐，叶似冬青，微风击之辄淅沥有声，故古诗云，白杨多悲风，萧萧愁杀人。予一日宿邹县驿馆中，甫就枕即闻雨声，竟夕不绝，侍儿曰，雨矣。予讶之曰，岂有竟夜雨而无檐溜者？质明视之，乃青杨也。南方绝无此树。"

---

① 常惠：《回忆鲁迅先生》，《鲁迅诞辰百年纪念集》，湖南人民出版社，1981。
② 川岛：《鲁迅先生生活琐记》，《人民文学》1961 年 7、8 月号合刊。

周作人的小品文写得极其漂亮，全文引经据典，花了许多考据的功夫，读来引人入胜。不过，在《两株树》中，周作人却说八道湾的这白杨树是他种的："我承认白杨种在墟墓间的确很好看，然而种在斋前又何尝不好，它那瑟瑟的响声第一有意思。我在前面的院子里种了一棵，每逢夏秋有客来斋夜话的时候，忽闻淅沥声，多疑是雨下，推户出视，这是别种树所没有的佳处。"[1]

八道湾 11 号的白杨究竟是鲁迅种的还是周作人种的，或者竟是周氏兄弟一起种的，都无关紧要了。这棵树见证了周氏兄弟的合与离，"甫就枕即闻雨声，竟夕不绝"的动人，他们兄弟共同体味过了。对鲁迅而言，八道湾 11 号是兄弟决裂的伤心之所；对周作人而言，更多的是他的文学地理坐标，这里是周作人的"苦雨斋"，匾额由北大同事沈尹默书写。

关于"苦雨斋"以及八道湾的大白杨，康嗣群先生也描写过："苦雨斋在故都的西北，是一个低洼所在，一进门便下台阶，其低洼已可想见，对着大门便是一棵很大的白杨，随时都哗哗的在响，好象在调剂这古城的寂寞似的，院子里老觉得是秋天。在被称作侧屋的房里，悬着平伯君所写的'煆药庐'，很娟秀的一笔字，正如其人。院子里遍种各样的树木，便是仅留着的四条甬道，也被树荫遮着，枝头的花常拂着行人的头。"[2]周作人的生活看似质朴，其实很讲究一种心态："我们于日用必需的东西以外，必须还有一点无用的游戏与享乐，生活才觉得有意思。我们看夕阳，看秋河，看花，听雨，闻香，喝

① 何乃平编：《周作人小品：恬适人生》，花城出版社，1991。
② 陶明志编：《周作人论》，上海书店，1987。

不求解渴的酒，吃不求饱的点心，都是生活上必要的——虽然是无用的装点，而且是愈精练愈好。"因此，八道湾 11 号更多地被周作人打上了自己的印记。

到了 15 年后的 1945 年，周作人又写到了那棵白杨树："古诗有云，白杨多悲风，萧萧愁杀人。这萧萧的声音我却是欢喜，在北京所听的风声中要算是最好的。在前院的绿门外边，西边种了一棵柏树，东边种了一棵白杨，或者严格的说是青杨，如今十足过了廿五个年头，柏树才只拱把，白杨却已长得合抱了。前者是长青树，冬天看了也好看，后者每年落叶，到得春季长出成千万的碧绿大叶，整天的在摇动着，书本上说它无风自摇，其实也有微风，不过别的树叶子尚未吹动，白杨叶柄特别细，所以就颤动起来了。戊寅以前老友饼斋常来寒斋夜谈，听见墙外瑟瑟之声，辄惊问曰，下雨了吧，但不等回答，立即省悟，又为白杨所骗了。"[1]

文中所言"饼斋"即钱玄同，他是周氏兄弟共同的朋友，后来与周作人走得更近。

又过了 4 年，到了 1949 年，周作人在身陷囹圄、历经劫难之后，重新回到八道湾寓所，在一次送别来访的客人时，他指着院子里的丁香树说："这是家兄种的。"[2] 这已经是鲁迅种下丁香 30 年之后的事了，周作人用了"家兄"一词，闻之使人潸然泪下。

而今在八道湾 11 号，丁香空结雨中愁，青杨年年苍翠，物是人非，真可谓年年岁岁花相似，岁岁年年人不同。

---

① 周作人：《风的话》，《周作人散文》，人民文学出版社，2014。
② 陈迩冬：《二周识小》，《周氏兄弟》，河南大学出版社，2004。

在花卉的议论中听自然母的言辞

（1922年）

　　鲁迅翻译过很多童书，仅俄国作家爱罗先珂的童话就有十四篇之多，包括三幕童话剧《桃色的云》。此外还有荷兰作家望·蔼覃（凡·伊登）的长篇童话诗《小约翰》，日本画家蕗谷虹儿的《萌芽》《紫花地丁》《岸呀，柳呀》等十二首童谣。

　　鲁迅翻译的这些童话中，都有大量关于动植物的描写。一方面，鲁迅力求动植物译名精准，这从鲁迅译完《小约翰》后所作《动植物译名小记》即可看出；另一方面，他又将博物与文学、美学很好地沟通起来，使读者在花卉的议论中"听自然母的言辞"（鲁迅）。

　　1922年，鲁迅翻译了爱罗先珂以日文写成的三幕童话剧《桃色的云》，译文陆续发表于1922年5月15日至6月25的《晨报副镌》。单行本于1923年7月由北京新潮社出版，列为《文艺丛书》之一。

　　爱罗先珂（1890—1952），以日文和世界语创作的著名俄国盲诗人、作家、世界语学者。25岁离开俄国本土，1921年在日本参加"五一"游行，被日本当局驱逐，来到中国。1922年2月，在鲁迅等人的推动下，经蔡元培特聘，到北京大学教授世界语，借住在鲁迅兄弟的八道湾住宅。《桃色的云》是爱罗先珂最长的作品，登场人物还有"自然之母"这类超自然存在，以及冬天的风、夏天的云、福寿草（年轻男子）、梅花（年轻女子）、蕨菜（学者）、虫（音乐家）等，特别是鼹鼠的孙子在这个舞台上扮演着重要的角色。爱罗先珂允许动物、植物、非生物、超自然存在用人类的语言说话、行动，但人类处于最低的层次。

在《桃色的云》序言中，鲁迅说，爱罗先珂想让他早译《桃色的云》，但这对他而言是一件烦难事。因为"日本语原是很能优婉的，而著者又善于捉住他的美点和特长，这就使我很失了传达的能力"。后来鲁迅终于开译，其意义在于："无论何人，在风雪的呼号中，花卉的议论中，虫鸟的歌舞中，谅必都能够更洪亮的听得自然母的言辞，更锋利的看见土拨鼠和春子的运命。世间本没有别的言说，能比诗人以语言文字画出自己的心和梦，更为明白晓畅的了。"同时鲁迅也声明："我于动植物的名字译得很杂乱，别有一篇小记附在卷尾，是希望读者去参看的。"

鲁迅的这篇小记，仔细介绍了对动植物所采用的"不一律"的翻译法：

（一）用见于书上的中国名，如"蒲公英""紫地丁""胡枝子"；（二）未见于书上但有地方俗名的，用地方俗名，如日本称为"月见草"的译为北京话"月下香"；（三）有中国名但仍用日本名的，"这因为美丑太相悬殊，一翻便损了作品的美"，如不用"败酱"而用"女郎花"，不用

"鹿蹄草"而用"铃兰";（四）中国无名而袭用日本名的，如"钓钟草""雏菊";（五）意译西洋名的，如"勿忘草";（六）音译西洋名的，如"风信子"。动物名则多明确，少有斟酌难定之处，只特别交代了"雨蛙"和"土拨鼠"两种。[①]

这篇小记充分体现了鲁迅严谨认真的翻译态度，也表现了他想把翻译与美学做一沟通的努力。这种努力和主张可以从其早年论文《科学史教篇》中找到依据，他盛赞那种"毅然起叩古人所未知，研索天然，不肯止于肤廓"的精神，却对周太玄翻译《生物学浅说》将其中一个人名误作了两位提出批评："要讲生物学，连这些小节也不应该忽略。"（《二心集·几条"顺"的翻译》）鲁迅认为，不仅仅是生物学等自然科学需要这样的态度，人文艺术乃至人类思想活动的方方面面，都应该有这样一份热情、专注和投入。

鲁迅重视爱罗先珂等人笔下动植物的译名，认为他们的童话以"含有美的感情与纯朴的心"生动描绘丰富多彩的动植物，因此他对动植物名称的翻译一丝不苟，并以此向原作致敬。

诚如涂昕先生所言，鲁迅看重文学中有一个"博物"的世界，即对"为物也多姿"有所领会；而为这个"博物"世界中的花草树木仔细挑选一个美好的译名，是尝试着将文学与"博物学"更好地沟通起来。[②]

①鲁迅:《记剧中人物的译名》,《鲁迅译文全集》第二卷，福建教育出版社，2008。
②涂昕:《鲁迅"博物学"爱好与对"白心"的呵护》,《杭州师范大学学报》（社会科学版）2017年第4期。

鲁迅多次说"中国文是急促的文，话也是急促的话"，不够"优婉"，"不易做天真烂漫的口吻"，所以"最不宜于译童话"，无法表达"原作的从容与美"。他对动植物的译名除了求"真"，还格外求"美"。比如在《桃色的云》中，因为语言"美丑"的缘故，一些植物用日本名不用中国名。再比如一种蓝色的小野花"露草"，"在中国叫鸭跖草，因为翻了很损文章的美，所以仍用了原名"。妙伦的《小彼得》里有我国并不常见的一种草本植物，"药书上称为'獐耳细辛'（多么烦难的名目呵！），是一种毛茛科的小草，叶上有毛，冬末就开白色或淡红色小花，来'报告冬天就要收场的好消息'，日本称为'雪割草'，也为此"，鲁迅嫌"獐耳细辛"这名字太古板，则从日文名"雪割草"意译为更富诗意的"破雪草"。

在介绍《桃色的云》中动植物译名的文章最后，鲁迅谈及日本的"七草"，很像一篇涉及民俗的"博物学"小品：

> 七草在日本有两样，是春天的和秋天的。春的七草为芹，茅，鼠曲草，繁缕，鸡肠草，菘，萝卜，都可食。秋的七草本于《万叶集》的歌辞，是胡枝子，芒茅，葛，瞿麦，女郎花，兰草，朝颜，近来或换以桔梗，则全都是赏玩的植物了。他们旧时用春的七草来煮粥，以为喝了可避病，惟这时有几个用别名：鼠曲草称为御行，鸡肠草称为佛座，萝卜称为清白。

与此相仿，周作人翻译清少纳言的《枕草子》时，对"嫩菜"一词也有如下注释：

> 原文"若菜"，指春天的七草，即是荠菜、繁缕、芹、芜菁、萝菔、鼠麹草、鸡肠草。七种之中有些是菜，有的只是可吃的野草，正月七日采取其叶食作羹吃，云可去除百病，避邪气。

周氏兄弟的审美趣味还真是有相通之处。作为其兄鲁迅的一个参照系，周作人翻译文学作品，也很重视博物学。比如周作人译清少纳言的《枕草子》时，还解释了一些古怪的动物名由来："裂壳虫系直译原义，乃是小虾似的一种动物，附著在海草上边，谓干则壳裂，古歌用以比喻海女因恋爱烦闷，至将身体为之破灭"。谈及子规（即杜鹃鸟）的叫声，作注补充说："子规初啼的时候，声音还是艰涩，但到了五月，仿佛是自己的时候到了，便流畅起来了。"周作人对各种花木的注释尤为周详，加之文辞古雅，读来赏心悦目："胡枝子原文作萩，但中国训萩为萧。盖是蒿类，并非一物。《救荒本草》有胡枝子，叶似苜蓿而长，花有紫、白两色，可以相当。'萩'字盖是日本所自造，从草从秋，谓是秋天开花，有如山茶花日本名为椿花，从木从春会意，非是形声字也。"[1]

鲁迅同时代作家对鲁迅用"精美的文字来译动物植物"也印象深刻，深感佩服。夏丏尊与鲁迅曾在杭州两级师范学校共

---

[1]［日］清少纳言：《枕草子》，周作人译，台北木马文化出版社，2003。

事，那时学校有许多功课聘日本人为教师，教师编讲义、上课都需要有人翻译，他们二人担任的就是这翻译的职务。夏丏尊担任教育学科方面的翻译，鲁迅担任植物学家铃木珪寿生物学科方面的翻译。在白话文还未流行之际，鲁迅翻译的动植物讲义仍沿用文言文。"周先生在学校里却很受学生尊敬，他所译的讲义就很被人称赞。那时白话文尚未流行，古文的风气尚盛，周先生对于古文的造诣，在当时出版不久的《域外小说集》里已经显出。以那样的精美的文字来译动物植物的讲义，在现在看来似乎是浪费，可是在三十年前重视文章的时代，是很受欢迎的。"[1]

鲁迅翻译《小约翰》时，也联系到了自己的实际生活和情感记忆，他多方查考动植物译名，有时不自觉地将自己的生活经验带入其中，读来甚是亲切："虫类中的鼠妇（Kellerassel）和马陆（Lauferkäfer），我记得在我的故乡是只要翻开一块湿地上的断砖或碎石来就会遇见的。我们称后一种为'臭婆娘'，因为它浑身发着恶臭；前一种我未曾听到有人叫过它，似乎在我乡的民间还没有给它定出名字；广州却有：'地猪'。"（《小约翰》引言）

在鲁迅这里，对树木植物的关注已经超出了博物学的范畴，也许周作人的话能对此作出注解。

周作人当年鼓励青年多读风土博物志："我的本意实在是想引诱读者，进到民俗研究方面去，使这冷僻的小路上稍为

---

[1] 夏丏尊：《鲁迅翁杂忆》，《大家小集·夏丏尊集》，花城出版社，2012。

增加几个行人，专门弄史地的人不必说，我们无须去劝驾，假如另外有人对于中国人的过去与将来颇为关心，便想请他们把史学的兴趣放到低的广的方面来，从读杂记的时候起离开了廊庙朝廷，多注意田野坊巷的事，渐与田夫野老相接触，从事于国民生活史之研究，此虽是寂寞的学问，却于中国有重大的意义。"①

投身寂寞而有重大意义的学问，在这一方面，周氏兄弟有相近的追求。

---

①周作人：《关于竹枝词》，《周作人自编集：过去的工作》，北京十月文艺出版社，2013。

在西安看见很多的白杨、很大的石榴树

（1924年）

1924年6月，创办于西安的国立西北大学与陕西省教育厅合议筹设暑期学校，聘学者名流任教，鲁迅亦受邀。

时距周氏兄弟决裂不久，鲁迅已正式搬出八道湾，心情无比郁闷。答应国立西北大学去陕西，既为夏期讲演，又为他谋划已久的长篇小说《杨贵妃》寻找感性材料，也为散心。鲁迅对这次外出十分重视，先后到门框胡同的衣店定做"一夏一羽衫"两件大衫，到劝业场买行旅用的杂物，到西庆堂理发、洗澡。由于经济拮据，还从孙伏园处借钱86元、许寿裳处借钱20元作为差费。一切准备停当，7月7日晚即坐火车往西安，至陕州（今河南三门峡市）改水路坐船沿黄河西行，一路舟车劳顿，一周之后的7月14日才改乘汽车，午后抵临潼，下午抵西安，寓西北大学教员宿舍。

中年鲁迅最爱丁香花和木槿花，巧合的是，他下榻处窗外便有一丛盛开的白木槿花。

鲁迅此行内容十分丰富，涉及交游、讲演、阅市、购物、会友、赴宴、观戏等多个方面。夏期学校讲演，鲁迅讲《中国小说的历史的变迁》，共讲8天11次12小时，还往讲武堂讲演半小时。至易俗社看秦腔共计五次，时逢易俗社成立12周年，鲁迅亲笔题写了"古调独弹"四字，制成匾额赠予易俗社，现已成为秦腔界的一块金字招牌。淘文玩。先后在博古堂、尊古堂、南院门市等处购得耀州出土之石刻拓片、乐妓土寓人、四喜镜、杂造象拓片、小土枭、小土偶人、磁鸠、磁猿首、彩画鱼龙陶瓶、大小弩机等，共计花钱32元，花钱并不算多，收获却不小，可谓满载而归，以至于8月12日夜半抵北京前门时，"税关见所携小古物数事，视为奇货，甚刁难，良久始已，乃雇自动车回家"。买特产。先后买枒榈扇、酱莴苣、汴绸等，甚至在出校游步不小心跌了一跤的情况下，也不忘在返回的路上"购饼饵少许"，读之不禁令人莞尔。

鲁迅的陕西之行引出了多篇和陕西有关的杂文和书信，如《说胡须》《看镜有感》等，其中也透露了鲁迅对于树木花草的特别关注，并反映了他的美学主张。

其一，长安"很多的白杨，很大的石榴树"给鲁迅留下深刻印象。

《说胡须》篇首可以视作鲁迅西安之行的总结："今年夏天游了一回长安，一个多月之后，胡里胡涂的回来了。知道的朋友便问我：'你以为那边怎么样？'我这才栗然地回想长安，记得看见很多的白杨，很大的石榴树，道中喝了不少的黄河水。然而这些又有什么可谈呢？我于是说：'没有什么怎样。'他于是废然而去了，我仍旧废然而往，自愧无以对'不耻下问'的朋友们。"

"很多的白杨，很大的石榴树"，这是鲁迅眼中的陕西风物。盖其他各地白杨没有西安那么多，石榴树也没有西安那么大。

鲁迅对白杨树的关注绝不是偶然的，因为他喜欢白杨。八道湾 11 号宅中的那棵大叶杨，"叶子大，刮小风就响，风大了响声更大，像下雨一样"，他说"这棵树是我栽的，大叶杨有风就响，响起来好听，我喜欢这树"。①

白杨树是西北最普通的一种树，只要有草的地方，就有白杨树的影子。1941 年，茅盾在其《白杨礼赞》中，以西北黄土高原上"参天耸立，不折不挠，对抗着西北风"的白杨树象征坚韧、勤劳的北方农民，歌颂他们在民族解放斗争中的朴实、坚强和力求上进的精神。茅盾和鲁迅一样，也来自水乡浙江，他在黄土高原看到白杨时受到很大震撼，料鲁迅看到白杨时亦如此：

> 汽车在望不到边际的高原上奔驰，扑入你的视野的，是黄绿错综的一条大毡子……然而同时你的眼睛也许觉得有点倦怠，你对当前的"雄壮"或"伟大"闭了眼，而另一种的味儿在你心头潜滋暗长了——"单调"。可不是？单调，有一点儿吧？
>
> 然而刹那间，要是你猛抬眼看见了前面远远有一排——不，或者只是三五株，一株，傲然地耸立，像哨兵似的树木的话，那你的恹恹欲睡的情绪又将如何？我那时是惊奇地叫了一声的。
>
> 那就是白杨树，西北极普通的一种树，然而实在是不平

---

① 常惠：《回忆鲁迅先生》，《鲁迅诞辰百年纪念集》，湖南人民出版社，1981。

凡的一种树。

> 那是力争上游的一种树，笔直的干，笔直的枝。……它没有婆娑的姿态，没有屈曲盘旋的虬枝……但是它伟岸，正直，朴质，严肃，也不缺乏温和，更不用提它的坚强不屈与挺拔，它是树中的伟丈夫。①

至于很大的石榴树，能给鲁迅留下深刻的印象，也不是偶然的，因为鲁迅经过的临潼恰好是中国石榴文化的发源地。

石榴原产波斯（今伊朗）一带，公元前2世纪传入中国。据晋人张华《博物志》载："汉张骞出使西域，得涂林安石国榴种以归，故名安石榴。""涂林"是梵语石榴的音译。据郭志英撰文介绍，公元前119年张骞出使西域，来到了安石国，即今巴尔干半岛至伊朗及其邻近地区。其时，安石国正值大旱，赤地千里，庄稼枯黄，连御花园中的石榴树也奄奄一息。张骞便把汉朝兴修水利的经验告诉他们，救活了石榴树。张骞回国时，带回了石榴种子，首先在长安上林苑、骊山温泉宫种植。史书载，上林苑其时栽植奇花异卉达三千株，内有"安石榴十株"。所以，中国正宗的石榴在临潼，临潼是中国石榴文化的发源地。毛主席纪念堂前的18棵石榴即为陕西父老从临潼移植。

其二，鲁迅看到长安"还将树木当神，正如六朝人一样的迷信"。这是长安一带残留的原始树木崇拜。

鲁迅到西安的当晚，就约同行的孙伏园等上街观光，即

---

① 茅盾：《白杨礼赞》，《见闻杂记》，文光书店，1950。

"阅市"。最初的印象是大街的白灰墙上写着不少劝人为善的格言，这都是被鲁迅称为"马二先生"的冯玉祥任督军治理陕西时留下的遗迹。此时"马二"所部已离陕为国民军了，其"遗言"经日晒雨淋，已销蚀难辨。在鲁迅看来，"劝善"也是几千年来统治阶级的"遗风"。再有就是西安街面上"巫风"盛行。相面的、占卦的、看八字的、看阴阳风水的，挂着"有求必应"之类的幡号，随风飘扬。鲁迅在讲演中联系所见谈道："此种思想，到了现在，依然留存，像：常见在树上挂着'有求必应'的匾，便足以证明社会上还将树木当神，正如六朝人一样的迷信。其实这种思想本来是无论何国，古时候都有的，不过后来渐渐地没有罢了，但中国还很盛。"

中国民间语境中有"草木成精"之说，认为这类植物具有补益之功效。鲁迅在《从百草园到三味书屋》中就曾写道："有人说，何首乌根是有像人形的，吃了便可以成仙，我于是常常拔它起来，牵连不断地拔起来，也曾因此弄坏了泥墙，却从来没有见过有一块根像人样。"神话史学者袁珂认为，动植物成精都是上古神话的孑遗，是洪荒时代的先民们"物我混一"的自然想象，只不过植物这一脉的神话后来日渐衰微，只在民间保留了些碎片，董永七仙女故事中的老槐树开口说话即是一例。古神话的遗留，进入民间传说，余韵不绝。鲁迅看到长安人像六朝人一样迷信，把树木当神，与其说是对迷信思想的批判，不如说是对其时长安社会状况的客观记录。

事实上六朝文化并不愚昧，鲁迅本人也很喜欢六朝画像，并且将其运用到书籍封面设计当中。比如请陶元庆为其设计

《桃色的云》等书籍封面时，就采用了汉画像砖图案；为高长虹《心的探险》设计封面时，采用了六朝人墓门画像图案，为当时书刊设计带来了新风。

其三，"汉唐虽然也有边患，但魄力究竟雄大"。

长安是汉唐文化的代表之所，鲁迅后来在《看镜有感》中，从自己收藏的汉代铜镜中有新来的动植物充当装饰的花纹说开，论及汉、唐以及宋、清等各个朝代对待外来文化的不同态度，批判国粹家抗拒外来先进文化的行径。他把自己在西安所见唐代遗迹作为例证写进了此文："遥想汉人多么闳放，新来的动植物，即毫不拘忌，来充装饰的花纹。唐人也还不算弱，例如汉人的墓前石兽，多是羊，虎，天禄，辟邪。而长安的昭陵上，却刻着带箭的骏马，还有一匹驼鸟，则办法简直前无古人。"指出："汉唐虽然也有边患，但魄力究竟雄大，人民具有不至于为异族奴隶的自信心，或者竟毫未想到，凡取用外来事物的时候，就如将彼俘来一样，自由驱使，绝不介怀。一到衰弊陵夷之际，神经可就衰弱过敏了，每遇外国东西，便觉得仿佛彼来俘我一样，推拒，惶恐，退缩，逃避，抖成一团，又必想一篇道理来掩饰，而国粹遂成为屠王和屠奴的宝贝。"因此，必须"放开度量，大胆地，无畏地，将新文化尽量地吸收"。

鲁迅西安之行的动机之一是为创作小说《杨贵妃》做准备，以充实他"破费了数年之工"的这部小说腹稿。结果到西安一看，全然找不到想象中的长安的影子。鲁迅说："我不但什么印象也没有得到，反而把我原有的一点印象也打破了！"1934年1月11日，鲁迅致日本友人山本初枝信说："五六年前我为了写关于唐朝的小说，去过长安。到那里一看，想不到连天空都不像唐朝的天空，费尽心机用幻想描绘出的计划完全被打破了，至今一个字也未能写出。原来还是凭书本来摹想的好。"

汉朝疆域广大，"汉秉威信，总率万国，日月所照，皆为臣妾"[1]。大汉是中国文化的少年时代，和后世相比，汉人有更多的率真、雄健、质朴以及刚强。鲁迅的西安之行固然打破了创作长篇小说《杨贵妃》的计划，但他从汉人对新来的动植物毫不拘忌，拿来充装饰的花纹等方面看出，汉人有"豁达闳大之风"。窃以为这一美学发现和理论主张对于现代文学及艺术史的意义，远比一篇尚未动笔、前途未卜的长篇小说宝贵。

---

[1]参见范晔《后汉书·南匈奴列传》，建武二十八年班彪上书汉光武帝刘秀的奏章。

一株是枣树，还有一株也是枣树

（1924年）

1923 年 7 月，鲁迅、周作人兄弟失和。8 月初，鲁迅从八道湾 11 号搬到砖塔胡同 61 号暂住。几个月后，鲁迅购买了阜成门西三条 21 号四合院，并重新设计建设了新屋，于 1924 年 5 月 25 日迁入。

鲁迅刚搬到西三条 21 号时，院子还是光秃秃的，所有的植物只是前院的一棵枣树和后院的一棵杏树。

近四个月之后的 9 月 15 日，鲁迅写下了著名的散文诗《秋夜》，发表于《语丝》周刊第三期。这是鲁迅在宫门口西三条新居的第一篇创作。

其时鲁迅的身体和精神状态一直不好，此前又到西安参加了西北大学举办的暑期讲演，这段时间除了校对《嵇康集》，创作方面并没有什么成绩。但从《秋夜》开始，鲁迅又找到了创作状态，成果迭出。

"在我的后园，可以看见墙外有两株树，一株是枣树，还有一株也是枣树。"鲁迅以这个奇特的句子为现代散文诗立下了一座高标，也为散文诗民族化提供了一种全新的风范，表达了自己与黑暗势力作韧性战斗的意志。《秋夜》后来被编入中学语文课本，"一株是枣树，还有一株也是枣树"成为人人皆知的经典。20 世纪 50 年代，鲁迅的学生许钦文就在回忆鲁迅的文章中说："'一株是枣树，还有一株也是枣树。'这已成为大家爱颂的句子。"①

这两个有重复之嫌的短句正是鲁迅沉重、无聊、寂寞心态的反映。在鲁迅眼里，同样的两棵枣树合不到一起，一株与另一株在视觉上是分离的，在形式上是对立的，这表现了周氏兄弟反目后鲁迅的悲凉和无奈。台湾一本针对中学生的现代散文导读《课堂外的风景》对"一株是枣树，还有一株也是枣树"的释读也很值得借鉴：这是"为强调两株枣树不屈的形象，作者刻意以'视点移动'的效果来描写"。进一步的解释还有："文章开头'一株是枣树，还有一株也是枣树'，历来引起众多讨论，其实这两句乃实写普通且平常的现况，从用字遣词来看，显得朴拙，甚至重复冗赘。背后的语境则隐含作者孤独寂寞的情绪，藉以使欲赞颂的枣树形象鲜明凸出。难怪叶圣陶指出：'还有一株也是枣树'是不寻常的说法，拗强而特异，足以引起人家的注意。"②

鲁迅在《秋夜》里继续描写窗外的枣树：

枣树，他们简直落尽了叶子。先前，还有一两个孩子来打他们别人打剩的枣子，现在是一个也不剩了，连叶子也落尽了。他知道小粉红花的梦，秋后要有春；他也知道落叶的梦，

①许钦文：《在老虎尾巴的鲁迅先生：许钦文忆鲁迅全编》，上海文化出版社，2013。

②陈智弘编：《课堂外的风景》，台湾翰林出版公司，2005。转引自钱振文《鲁迅和他宅子里的树们》，《博览群书》2016 年第 8 期。

这上面的天空，奇怪而高……

春后还是秋。他简直落尽叶子，单剩干子，然而脱了当初满树是果实和叶子时候的弧形，欠伸得很舒服。但是，有几枝还低亚着，护定他从打枣的竿梢所得的皮伤，而最直最长的几枝，却已默默地铁似的直刺着奇怪而高的天空，使天空闪闪地鬼眤眼；直刺着天空中圆满的月亮，使月亮窘得发白。

这段描写将植物与天空、星辰联系起来，诗性大增，很具感染力。除此之外，鲁迅还写到了繁霜洒在园里的野花草上的情形：

> 我不知道那些花草真叫什么名字，人们叫他们什么名字。我记得有一种开过极细小的粉红花，现在还开着，但是更极细小了，她在冷的夜气中，瑟缩地做梦，梦见春的到来，梦见秋的到来，梦见瘦的诗人将眼泪擦在她最末的花瓣上，告诉她秋虽然来，冬虽然来，而此后接着还是春，胡蝶乱飞，蜜蜂都唱起春词来了。她于是一笑，虽然颜色冻得红惨惨地，仍然瑟缩着。

鲁迅细致描绘西三条胡同身边的事物，状物写景，抒发情绪，可以看作"鲁迅对自己还算满意的新据点的地理定位和心理定位"（钱振文）。在这里，鲁迅有了自己的书房"老虎尾巴"，隔窗可见静谧的后院。经历了兄弟反目的鲁迅，开始重新经营自己的生活。

1925 年 4 月 12 日，鲁迅在女高师的学生许广平、林卓风

第一次来西三条拜访鲁迅，16日许广平给鲁迅的信中，也以见了"大世面"的口气欢呼着写到了枣树："'尊府'居然探检过了！归来后的印象，是觉得熄灭了通红的灯光，坐在那间一面满镶玻璃的室中时，是时而听雨声的淅沥，时而窥月光的清幽，当枣树发叶结实的时候，则领略它微风振枝，熟果坠地，还有鸡声喔喔，四时不绝。"许广平信中"当枣树发叶结实的时候"应该是阅读《秋夜》之后的展望想象之词，否则，北京的四月春寒料峭，离枣树发芽尚远，断无"微风振枝，熟果坠地"之情状。笔者认为，许广平这么写，已是主动向鲁迅的思想与生活靠拢了。

遗憾的是，现在去位于北京宫门口西三条胡同鲁迅博物馆后院的鲁迅故居参观，见不到这两棵在现代文学史上地位甚高的枣树，它们不知道什么时候已经不在了。

云松阁来种树

（1925年）

成为西三条21号的主人后，鲁迅便动手打造园林式庭院——不是零敲碎打，也不是依靠一己之力，而是依靠专业的园林店铺，进行有系统的打造。

1924年6月8日，即鲁迅迁入新居的第二个星期天，正在北京女高师读书的绍兴老乡许羡苏、王顺亲和俞氏三姐妹俞芬、俞芳、俞藻（鲁迅在砖塔胡同61号的邻居）相约，来到西三条胡同看望鲁迅。鲁迅兴致大好，带领她们参观自己的新居，并介绍了在前后院种树的规划：前院打算种植紫白丁香各两株、碧桃树一株、榆叶梅两株，后院的土质不如前院，"打算在北面沿北墙种两株花椒树，两株刺梅，西面种三株白杨树。白杨树生长力强，风吹树叶沙沙响，别有风味"[1]。

因为当时已进入夏季，不是最好的植树季节，所以直到第二年春天，鲁迅的种树计划才得以落实。

《鲁迅日记》1925年4月3日记载："云松阁李庞裕来，议种花树。"

云松阁是著名的花木店，开张于光绪二十六年（1900）前，

---

[1] 俞芳等著：《我记忆中的鲁迅先生：女性笔下的鲁迅》，河北教育出版社，2000。

在西琉璃厂荣宝斋对面，一间门脸。店主李尧臣是李竹庵的孙子。李竹庵在丰台张家路口有几亩园田，种植松柏。李尧臣把古玩店取名云松阁，并在门上挂有祖父的名字以示纪念，懂行的人一看，就知道这家古玩铺有人会养花植树，美化庭院。

鲁迅早年经常到琉璃厂云松阁购买古钱，鲁迅日记中有时把这家古玩店叫李竹庵家，有时写作李竹齐、李竹泉。鲁迅常和李尧臣谈论古物的名称、年代和用途。云松阁后来搬到东琉璃厂路北，后又关闭。

李尧臣的儿子李庞裕是琉璃厂鉴别古钱的专家，也懂得种树。鲁迅在西三条21号规划种树、绿化庭院时，请的高参就是李庞裕。两人商议后两日（4月5日）是植树节，鲁迅日记载："云松阁来种树，计紫、白丁香各二，碧桃一，花椒、刺梅、榆梅各二，青杨三。"

榆梅，鲁迅在《一觉》中写作"榆叶梅"，蔷薇科，落叶灌木或小乔木，春季开花，花单生，淡红色，萼筒呈钟形，果实近球形，红色，有毛，产于中国，栽培供观赏，有重瓣品种。

一月之后的1925年5月8日，鲁迅在《北京通信》一文中以欣喜的口吻提到这次种树："北京暖和起来了；我的院子里种了几株丁香，活了；还有两株榆叶梅，至今还未发芽，不知道他是否活着。"这是致吕蕴儒、向培良的通信，他们当时在开封编辑《豫报副刊》，其中吕蕴儒是鲁迅在北京世界语专门学校任教时的学生，而向培良是文学团体狂飙社的主要成员，当时常为《莽原》周刊写稿。

花巨资购房产并植树，足见鲁迅是一个极追求生活质量、渴望安居乐业之人。但鲁迅在北京的两处房产都没能久居。他在第一处八道湾居住了三年又八个月，在第二处西三条胡同居住到 1926 年 8 月后南下，仅仅两年又三个月。

西三条 21 号院在很多方面都延续了八道湾 11 号院，包括房屋的结构和树木的种类。王士菁先生在其《鲁迅传》中描述：西三条胡同 21 号是"一座不大的四合院子，在院子里有主人亲手栽培的几棵白的和紫的丁香花，还有两三株枣树高出于屋檐之上。平日寂静无声，只有家雀在枝间穿来穿去。青年人到来，才打破这宁静的空气"。鲁迅的工作室"老虎尾巴"后墙的上一半全都是玻璃窗，"窗外是一个小小的院落。沿着这后院墙脚，散种着几株青杨和几簇榆叶梅"。

1926 年 4 月 10 日，鲁迅写了一首散文诗《一觉》，也有意无意地描写到了"老虎尾巴"窗外的树木：

> 飞机负了掷下炸弹的使命……也许有人死伤了罢，然而天下却似乎更显得太平。窗外的白杨的嫩叶，在日光下发乌金光；榆叶梅也比昨日开得更烂漫。收拾了散乱满床的日报，拂去昨夜聚在书桌上的苍白的微尘，我的四方的小书斋，今日也依然是所谓"窗明几净"。

当时，冯玉祥的国民军与奉系军阀张作霖、李景林部进行直奉战争，奉系的飞机几乎每天光临北京的上空，并向城内投弹。鲁迅在"三·一八"惨案后，遭到段祺瑞政府的通缉和追捕，正与许寿裳一起离家外出避难。他在《野草》英文译本序中说："奉天派与直隶派军阀战争的时候，作《一觉》，此后我就不能住在北京了。"

许寿裳说，《一觉》中所谓"四方的小书斋""白杨"及"榆叶梅"，都是"老虎尾巴"窗内外的景色，并非说临时避难的处所。[①] 这首散文诗开篇写军阀混战中"死"的袭来与"生"的存在，尽管军阀在投弹，"也许有人死伤了罢"，但"天下却似乎更显得太平"，白杨叶仍发乌金光，榆叶梅开得更烂漫，书斋内依然"窗明几净"，人们依然在生长，在战斗，人间依然充满生机与生命，暗示大众的力量是扼杀不尽，是不可战胜的。

十年之后的 1935 年 12 月 4 日，鲁迅在致母亲的信中谈到西三条 21 号后院之树，似乎老太太说过白杨没有成活的话，因此鲁迅在信中说："后园之树，想起来亦无甚可种，因为地土原系炉灰所填，所以不合于种树。白杨易于种植，尚且不能保存，似乎可以不必补种了。"至此，鲁迅作品《一觉》中"窗外的白杨的嫩叶，在日光下发乌金光；榆叶梅也比昨日开得更烂漫"这一风景，也就成了绝景。

鲁迅当年种植的树木如碧桃、刺梅、紫丁香和白杨树，如今已不见踪影，使人不禁想起庾信《枯树赋》中的名句："昔年种柳，依依汉南。今看摇落，凄怆江潭。树犹如此，人何以堪。"

不过值得庆幸的是，如今去位于北京鲁迅博物馆内的鲁迅故居，在正房前仍能见到鲁迅手植的两株白丁香旺盛地活着，亭亭玉立，延续着鲁迅手植的人文温度，每到四月，花香浓郁，夏天则枝叶纷披，浓荫匝地，自成清凉世界。

[①] 转引自朱正《鲁迅史料考证》，河北教育出版社，2000。

鲁迅与汉画像中的吉祥植物

（1925年）

1925年2月9日，鲁迅翻衣箱，翻出几面古铜镜子来。都是汉代的镜子，一面圆径不过二寸，很厚重，背面满刻葡萄，还有跳跃的鼯鼠，沿边是一圈小飞禽，古董店家都称为"海马葡萄镜"。大概是鲁迅民国初年初到北京时所买，情随事迁，已经忘掉了，此时看到，"宛如见了隔世的东西"，于是，鲁迅写了一篇杂文《看镜有感》：

> 汉武通大宛安息，以致天马蒲萄，大概当时是视为盛事的，所以便取作什器的装饰……遥想汉人多少闳放，新来的动植物，即毫不拘忌，来充装饰的花纹。唐人也还不算弱，例如汉人的墓前石兽，多是羊，虎，天禄，辟邪，而长安的昭陵上，却刻著带箭的骏马，还有一匹驼鸟，则办法简直前无古人。

《看镜有感》把文物当材料，发掘汉代铜镜背后的时代气象和精神状态，认为汉代用外来的动植物充装饰的花纹，是一种"自由驱使，绝不介怀"的自信心，以此对拿来主义和排外主义进行生动辨析，即置于当下，也对我们如何接受外来文化启示深刻。

鲁迅热爱金石，从1915年就开始收集中国汉代画像。蔡元培1936年所作《记鲁迅先生轶事》一文中写道："我知道他对于图画很有兴致，他在北平时已经搜辑汉碑图案的拓本。从前记录汉碑的书，注重文字，对于碑上雕刻的花纹，毫不注意，先生特别搜辑，已获得数百种。我们见面时，总商量到付印的问题，因印费太昂，终无成议。这种稿本，恐在先生家中，深望周夫人能检出来，设法印行，于中国艺术史上，很有关系。"

北京时期，鲁迅就搜集了山东、河南、四川、甘肃等地的汉画像拓本，编就了汉画像集准备出版。在《厦门通信（三）》中，鲁迅说："我最初的主意，倒的确想在这里住两年，除教书外，还希望将先前所集成的《汉画像考》和《古小说钩沉》印出……及至到了这里，看看情形便将印《汉画像考》的希望取消。"鲁迅所拟《汉画像考》全书共8篇15卷，包含有阙、门、石室、食堂、摩崖、瓦甓等多种汉画像，其中有六幅鲁迅手绘的"嵩山三阙"，即河南登封嵩山的少室阙、太室阙和开母阙，鲁迅的绘图惟妙惟肖，彰显了汉代画像原作的本意，显得壮观、厚重、有灵性。[①]这六张鲁迅手绘嵩山三阙图手迹，现存国家图书馆。

鲁迅一生共收藏汉代画像石拓本700余幅，其中山东340余幅，河南320余幅，余者出自四川、重庆、江苏、甘

①参见叶淑穗《鲁迅手绘汉画像图考》，《中华读书报》2017年11月22日。

肃等地。在同时代学人中，尚未见到第二人拥有这么多画像石拓本。

鲁迅收藏的汉代画像石拓图案中包括许多吉祥植物。

英国人类学家弗雷泽在其代表作《金枝》中谈到人类崇拜树木花草的原因时说："在原始人看来，整个世界都是有生命的，花草树木也不例外，它们跟人们一样都有灵魂，从而也像对人一样对待它们。"格罗塞在《艺术的起源》一书中指出："从动物装潢变迁到植物装潢，实在是文化史上一种重要进步的象征——就是从狩猎变迁到农耕的象征。"据江苏省徐州汉画像石艺术馆周保平先生介绍，汉代画像中的吉祥植物，目前能够确认的有灵芝、嘉禾、萁荚、莲莆、连理木、摇钱树、扶桑等。[①]这些植物，在鲁迅的汉画像藏品中均能见到，如能详加整理研究，定能开汉画像研究之新境。

晋张华《博物志·物产》说："名山生神芝，不死之草，上芝为车马（形），中芝为人（形），下芝为六畜（形）。"秦汉之前，灵芝同兰、桂等芳草一起被视为品德高洁的象征和长生不老、益寿延年的仙药。

嘉禾象征着风调雨顺、五谷丰登。南朝梁孙柔之《瑞应图》曰："嘉禾，五谷之长，盛德之精也。"古人视长得特别茁壮或一茎多穗的谷子为嘉禾，并认为嘉禾的出现是瑞应的象征。

萁荚是一种树，"月一日一荚生，十五日毕；至十六日一荚去。故夹阶而生，以明日月也"。后来衍生出吉祥寓意，成

[①] 参见周保平《汉代画像中的吉祥植物》,《农业考古》2008 年第 1 期。

为吉祥植物。汉代，其荚主要寓意君德与皇权吉祥，是圣君在位的瑞应。

连理木也是汉代五瑞之一，是指两树的枝干缠绕在一起的现象，汉代人视这种现象为王者德政的象征，后来还视作夫妻恩爱的象征。

摇钱树是古代人们想象中的一种吉祥树，体现了汉代人追求金钱、崇尚财富的观念。

扶桑在汉画中主要与土地、收成、生殖、婚恋、性事有关。《史记·殷本纪》记载了商汤之时七年大旱，汤断发自罪，祷于桑林，祈求天降雨露，庄稼茂盛，农业丰产。汉画中也有男女在桑树下野合的图像，因为汉代人相信在田间枝叶茂盛、桑葚累累的桑树下野合，可以增强人的生殖能力，并能促使庄稼丰收。

包括这些吉祥植物在内的汉代画像，深刻地影响了鲁迅的美学观点和艺术主张。他赞美汉唐魄力究竟雄大，凡取用外来事物的时候，"就如将彼俘来一样，自由驱使，绝不介怀"。鲁迅深刻地领会了汉画的意蕴，并将这种力量推广到艺术创作上。一方面，鲁迅设计的书刊封面吸收了许多汉画像元素；另一方面，他以此指导中国新兴木刻的发展，创建和培养了一支茁壮成长的新兴木刻队伍，同时也形成了一门从多角度解读汉代石刻画像的"汉画学"。1935 年 2 月 4 日在给李桦的信中写道："倘参酌汉代的石刻画像，明清的书籍插画，并且留心民间所赏玩的所谓'年画'，和欧洲的新法融合起来，许能够创出一种更好的版画。"同年 9 月 9 日在致李桦的信中写道："惟汉人石刻，气魄深沉雄大，唐人线画，流动如生，倘取入木刻，或可另辟一境界也。"鲁迅也曾对好友许寿裳说过："汉画像的图案，美妙无伦，为日本艺术家所采取。即使一鳞一爪，已被西洋名家交口赞许，说日本的图案如何了不得、了不得，而不知其渊源固出于我国的汉画呢。"

如此等等，足见鲁迅从汉画像中汲取养料之多。

会稽至今多竹

（1926年）

鲁迅《马上支日记》1926 年 7 月 2 日记录，他于这一天的午后，在前门外买药后，绕到东单牌楼的东亚公司闲看，"这虽然不过是带便贩卖一点日本书，可是关于研究中国的就已经很不少。因为或种限制，只买了一本安冈秀夫所作的《从小说看来的支那民族性》就走了，是薄薄的一本书，用大红深黄做装饰的，价一元二角"。

安冈秀夫著《从小说看来的支那民族性》，1926 年 4 月东京聚芳阁出版，是一本诬蔑中华民族的书。

鲁迅当天傍晚坐在灯下，就看那本书。夏夜蚊子很多，叮了鲁迅好几口，"虽然似乎不过一两个，但是坐不住了，点起蚊烟香来，这才总算渐渐太平下去"。

鲁迅起初读的时候，还觉得安冈氏"很客气"，"所以从支那人的我看来，的确不免汗流浃背"。对于中国国民性的关键——"体面"这一点，鲁迅甚至通过博观和内省，"便可以知道这话并不过于刻毒"。

但是到了 7 月 4 日，鲁迅完全不认可安冈秀夫的诬蔑之辞了。因为安冈氏论中国菜，引用的是威廉士的《中国》，在最末《耽享乐而淫风炽盛》这一篇中，有这么一段："这好色的国民，便在寻求食物的原料时，也大概以所想像的性欲底效能为目的。从国外输入的特殊产物的最多数，就是认为含有这种效能的东西。……在大宴会中，许多菜单的最大部分，即是想像为含有或种特殊的强壮剂底性质的奇妙的原料所做……"

鲁迅"对于外国人的指摘本国的缺失，是不很发生反感的，但看到这里却不能不失笑"："筵席上的中国菜诚然大抵浓厚，然而并非国民的常食；中国的阔人诚然很多淫昏，但还不至于将肴馔和壮阳药并合。"

他觉得研究中国的外国人，"想得太深，感得太敏"。

安冈氏甚至信口雌黄："笋和支那人的关系，也与虾正相同。彼国人的嗜笋，可谓在日本人以上。虽然是可笑的话，也许是因为那挺然翘然的姿势，引起想像来的罢。"

鲁迅对此批驳道：

> 会稽至今多竹。竹，古人是很宝贵的，所以曾有"会稽竹箭"的话。然而宝贵它的原因是在可以做箭，用于战斗，并非因为它"挺然翘然"像男根。多竹，即多笋；因为多，那价钱就和北京的白菜差不多。我在故乡，就吃了十多年笋，现在回想，自省，无论如何，总是丝毫也寻不出吃笋时，爱它"挺然翘然"的思想的影子来。因为姿势而想像它的效能的东西是有一种的，就是肉苁蓉，然而那是药，不是菜。总之，笋虽然常见于南边的竹林中和食桌上，正如街头的电干和屋里的柱子一般，虽"挺然翘然"，和色欲的大小大概是没有什么关系的。

鲁迅在故乡吃了十多年笋，并不是因为爱它"挺然翘然"的样子，安冈氏所言，不仅令人失笑，更令人愤怒和鄙夷。

当然，鲁迅也做了一些反思。在鲁迅看来，中国人的食物，"应该去掉煮得烂熟，萎靡不振的；也去掉全生，或全活的。应该吃些虽然熟，然而还有些生的带着鲜血的肉类"。

吃午饭的时候，讨论也就中止了。鲁迅的午餐是"干菜"，已不"挺然翘然"的笋干、粉丝、腌菜。鲁迅说："对于绍兴，陈源教授所憎恶的是'师爷'和'刀笔吏的笔尖'，我所憎恶的是饭菜。"进一步说明笋干与"挺然翘然"绝无什么联系。

无独有偶，浸淫日本文化很深的周作人也于1926年作文评论过安冈秀夫的这本书，发表于《语丝》（1926年7月19日第88期），原题为《我们的闲话二四》，后收入《谈虎集》。此时距离周氏兄弟八道湾失和已过去三年时间了，兄弟二人读书仍然能如此神同步，甚至评论同一本书相差不了几天，这令人吃惊。

对待同一本书，相对于鲁迅的冷峻讥刺，周作人更多了一些圆转的机锋。他先说安冈秀夫分十章列举中国人的恶劣根性，引元明清三朝的小说作证，痛加嘲骂。"我承认他所说的都的确是中国的劣点。汉人真是该死的民族。他的不长进不学好都是百口莫辩的。我们不必去远引五六百年前的小说来做见证，只就目睹耳闻的实事来讲，卑怯，凶残，淫乱，愚陋，说谎，真是到处皆是，便是最雄辩的所谓国家主义者也决辩护不过来。"周作人甚至说"安冈的这本书应该译出来，发给人手一编，请看看尊范是怎样的一副嘴脸，是不是只配做奴才"。

接下来周作人笔锋一转，述中国之于日本犹如希腊罗马之于欧美："但是我不希望日本人做这样的一本书。我并不是说中国的劣点只应由本国人自己来举发，或者日本也自有其重大的劣点，我只觉得'支那通'的这种态度不大好，决不是日本的名誉。我们知道现代希腊的确有点坠落了，但欧美各国因为顾念古昔文化的恩惠，总不去刻薄的嘲骂她，即使有所纪录，也只是平心的说，保存他们自己的品格。"

欧美各国顾念古昔文化的恩惠不去刻薄地嘲骂希腊，日本人却以"支那通"的态度对待中国，周作人顾忌各方面关系，并没有说出撕破脸皮的话，只是用欧美各国"平心的说，保存他们自己的品格"这种方式，对日本人进行提醒，态度确如老僧入定，无所谓嗔怒了。

不唯会稽多竹，浙江省境均多竹。鲁迅的老乡、浙江奉化人王任叔（即作家巴人）写过一篇文章《说笋之类》，"非为怀旧，藉以自惕"。文中也提及安冈秀夫的话，认为"也许多少受到弗洛特（现译'弗洛依德'，其学说认为人之一切欲望都来自性本能）学说的影响，然而以此作为侮蔑中国民族性的刻划，确实是可观了"。

王任叔先生谈及乡间掘笋的故事，说他家老屋后门，就有一大块竹山，他时常跟着长工去掘笋。冬天土地坚实异常，冬笋则必裂地而出。"据说是人间春意，先发于地。竹根得春气之先，便茁新芽，是即为笋。"乡人能从竹的年龄与枝叶的方位，知道它盘根所在。

王任叔先生还言，乡人之于竹，有"笋山"与"竹山"之分。竹山专用以培竹，笋山大都邻近居处，便于采掘。

绍兴距奉化不足 150 公里，两地风土相近。王任叔先生所言，完全可以作为参照理解鲁迅笔下"会稽至今多竹"的状况。

门前的秋葵似的黄花却还在开着

（1926年）

　　鲁迅 1926 年 9 月 4 日由北京经上海乘海轮抵达厦门，1927 年 1 月 16 日又乘海轮离厦门赴广州，在厦门共停留任教 135 天。

　　鲁迅刚到厦门大学时，对周边环境的印象倒是不错的。住进厦门大学的当晚，就给许广平写信说："此地背山面海，风景佳绝，白天虽暖——约八十七八度——夜却凉。四面几无人家，离市面约有十里，要静养倒好的。"（《两地书》，下同）厦大之美于此可见。

　　9 月 11 日，鲁迅又将一张印有厦门大学全景的明信片寄给许广平，并在明信片上写道："从后面（南普陀）所照的厦门大学全景。前面是海，对面是鼓浪屿。最右边的是生物学院与国学院，第三层楼上有 * 记的便是我所住的地方。昨夜发飓风，拔木发屋，但我没有受损害。"

　　在 9 月 23 日的信中，鲁迅又写道，他住的"楼就在海边，日夜被海风呼呼地吹着。海滨很有些贝壳，捡了几回，也没有什么特别的。……风景一看倒不坏，有山有水。我初到时，一个同事便告诉我：山光海气，是春秋早暮都不同"。

　　但在山光海气之中，随着鲁迅与厦大同事思想观点的冲突，他对厦大和厦门的印象也渐渐变差了。最早的感受是"此地四无人烟"，10月23日更是做出了厦大是"硬将一排洋房，摆在荒岛的海边上"的形容。等到12月12日，鲁迅又说："我想厦门的气候，水土，似乎于居人都不宜，我所见的人们，胖子很少，十之九都黄瘦，女性也很少美丽活泼的，加以街道污秽，空地上就都是坟……"对一位正和"广平兄"谈着爱情的先生而言，"女性也很少美丽活泼的"这样的描写当是"外交辞令"。但对厦门的气候，鲁迅就没有义务为其辩解了，他最大的感受就是风大："日夜被海风呼呼地吹着。""十日之夜发飓风，十分利害，语堂的住宅的房顶也吹破了，门也吹破了。""风也很厉害，几乎天天发，较大的时候，使人疑心窗玻璃就要吹破，若在屋外，则走路倘不小心，也可以被吹倒的。"面对这样的气候，鲁迅还不忘汇报如何使用许广平寄来的背心："此地冷了几天，但夹袍亦已够，大约穿背心而无棉袍，足可过冬了。背心我现穿在小衫外，较之穿在夹袄之外暖得多，或者也许还有别种原因。"

环境、气候之外，鲁迅也十分关注厦门的花草植物，续写了和他有关的"草木谱"。

他发现厦门的树木与其他地方相比，最大的不同处是永远绿着："便是天气，也永是这样暖和；树和花草，也永是这样开着，绿着。"（1926年10月4日致韦素园等）

同年11月7日致李小峰的信中，鲁迅谈到了他的住所门前一株开着黄花的植物以及四时皆春的感受：

今天又接到漱园兄的信，说北京已经结冰了。这里却还只穿一件夹衣，怕冷就晚上加一件棉背心。宋玉先生的什么"皇天平分四时兮窃独悲此廪秋，白露既下百草兮奄离披此梧楸"等类妙文，拿到这里来就完全是"无病呻吟"。白露不知可曾"下"了百草，梧楸却并不离披，景象大概还同夏末相仿。我的住所的门前有一株不认识的植物，开着秋葵似的黄花。我到时就开着花的了，不知道他是什么时候开起的；现在还开着；还有未开的蓓蕾，正不知道他要到什么候才肯开完……还有鸡冠花，很细碎，和江浙的有些不同，也红红黄黄地永是这样一盆一盆站着。

……四时皆春，一年到头请你看桃花，你想够多么乏味？即使那桃花有车轮般大，也只能在初上去的时候，暂时吃惊，决不会每天做一首"桃之夭夭"的。

然而荷叶却早枯了；小草也有点萎黄。这些现象，我先前总以为是所谓"严霜"之故，于是有时候对于那"廪秋"不免口出怨言，加以攻击。然而这里却没有霜，也没有雪，凡萎黄的都是"寿终正寝"，怪不得别个。呜呼，牢骚材料既被减少，则又有何话之可说哉！

在这封信中，鲁迅大段描写厦门的植物，不厌其烦地与江浙的植物做比较，通过发牢骚的方式，隐晦地解释自己没有给《语丝》投稿的环境因素。此信前文说他"也常想投稿给《语丝》，但是一句也写不出，连'野草'也没有一茎半叶。现在只是编讲义"。

有精力观察住所门前一株不认识的开着黄花的植物，却没有精力为《语丝》写稿，现在读来，真是一件很有趣的事情。

住所门前的黄花显然一直在鲁迅的视野之内，就差写一本"黄花观察日记"了。到了12月31日，鲁迅还在向李小峰报告他门前"秋葵似的黄花"："天气，确已冷了。草也比先前黄得多；然而我那门前的秋葵似的黄花却还在开着，山里也还有石榴花。苍蝇不见了，蚊子间或有之。"

1927年1月12日，鲁迅在致翟永坤的信中说："梅花已开了，然而菊花也开着，山里还开着石榴花，从久居冷地的人看来，似乎'自然'是在和我们开玩笑。"

黄花之外，又加上了山里的石榴花，更加上了梅花和菊花，鲁迅对周围环境之敏感，对花草树木观察之专注，令人叹服。

黄的花和山里的野石榴此后甚至还出现在他1927年写于广州的作品《在钟楼上》："厦门还正是和暖的深秋，野石榴开在山中，黄的花——不知道叫什么名字——开在楼下。"

鲁迅对厦门大学的记忆，独特而感性，甚至成为今日厦门大学的一笔精神财富。

在鲁迅眼中，厦门"风景极佳，但食物极劣，语言一字不懂"，他不止一次抱怨过"此地的菜总是淡而无味"："但饭菜可真有点难吃，厦门人似乎不大能做菜也。饭中有沙，其色白，视之莫辨，必吃而后知之。我们近来以十元包饭，加工钱一元，于是而饭中之沙免矣，然而菜则依然难吃也，吃它半年，庶几能惯欤。又开水亦可疑，必须自有火酒灯之类，沸之，然后可以安心者也。否则，不安心者也。"

由于饭食不佳，所以鲁迅常要吃些水果来补充，他在《两地书》中对厦门的龙眼、香蕉、柚子、杨桃几种水果都有评价。如"此地的点心很好；鲜龙眼已吃过了，并不见佳，还是香蕉好"，"伏园带了杨桃回来，昨晚吃过了。我以为味并不十分好，而汁多可取，最好是那香气，出于各种水果之上"。

在厦门的那段日子是鲁迅的创作丰收期。"秋来住在海边，目前只见云水，听到的多是风涛声，几乎和社会隔绝。""一个人住在厦门的石屋里，对着大海，翻着古书，四近无生人气，心里空空洞洞。"于是，鲁迅写了不少文章，包括五篇回忆散文，总题为《旧事重提》，后收入《朝花夕拾》；编写了教材《汉文学史纲要》；写了历史小说《铸剑》《奔月》；出版了小说集《彷徨》、杂文集《华盖集续编》等，共有17万字之多。看来，寂寞的环境还是适合做学问和文章的。

上述创作中，《奔月》颇值得专门一说。这篇小说作于1926年11月，取材于《淮南子》一书中关于嫦娥奔月的神话。嫦娥的丈夫后羿是一个善射的英雄，他从天上射下了九个太阳，使地上的生灵免受毒日照射之苦，原是一个有功的人物，但鲁迅写他箭法太好，"先把地球上的大动物射完，熊是只吃四个掌，驼留峰，其余的就都赏给使女和家将们。后来大动物射完了，就吃野猪兔山鸡"。小动物基本射完后，他自己也不觉叹息："我的箭法真太巧妙了，竟射得遍地精光。那时谁料到只剩下乌鸦做菜……"他老婆嫦娥成天吃乌鸦炸酱面，耐不得清苦，就偷吃灵药飞到月亮上去了。

《奔月》表达了两个方面的意思。

一方面，是后羿破坏了自然生态，因而受到大自然的惩罚。比如其中有一段话描写到了"很茂盛的树林"：

> 前面是天天走熟的高粱田，他毫不注意，早知道什么也没有的。加上两鞭，一径飞奔前去，一气就跑了六十里上下，望见前面有一簇很茂盛的树林，马也喘气不迭，浑身流汗，自然慢下去了。大约又走了十多里，这才接近树林，然而满眼是胡蜂，粉蝶，蚂蚁，蚱蜢，那里有一点禽兽的踪迹。他望见这一块新地方时，本以为至少总可以有一两匹狐儿兔儿的，现在才知道又是梦想。他只得绕出树林，看那后面却又是碧绿的高粱田，远处散点着几间小小的土屋。风和日暖，鸦雀无声。

即使在这样茂密的森林中，也没有一点禽兽的踪迹，为了猎到一只麻雀还远绕了三十里路，这也不是正常状态下的大自然。

另一方面，小说表达了对英雄穷途末路的担忧，以及对英雄出路的思考。

包括《奔月》在内，《故事新编》的语言都带有戏拟性质，"在戏拟所造成的语言形式的扭曲、躁动、喧哗中，浸透着、流淌着鲁迅心灵中某种不安、苦涩的情绪"。[①]

---

① 郑家建：《被照亮的世界——〈故事新编〉诗学研究》，福建教育出版社，2001。

鲁迅决定要找他自己的出路了，因为厦大死气沉沉。一方面具有封建性，学生成天背古书，写古文，不能参加社会活动，没有活气；另一方面又带有资本主义社会色彩的铜臭气。11月21日在致韦素园的信中，鲁迅说："周围是像死海一样，实在住不下去，也不能用功，至迟到阴历年底，我决计要走了。"

1927年1月2日，离开厦门大学时，鲁迅、林语堂与"泱泱社"青年在南普陀寺西南的小山冈上照相，这里到处长着他喜爱的龙舌兰，满山是馒头一样的洋灰的坟墓。鲁迅特地在一个坟前的祭桌上拍照。后来，他把照片寄给矛尘（章廷谦），并在照片右侧题字"我坐在厦门的坟中间"。在当天写给许广平的信中，鲁迅说："今天照了一个照相，是在草木丛中，坐在一个洋灰的坟的祭桌上。"

"泱泱社"成员俞荻回忆说："鲁迅先生看到那种坟墓感到很有兴趣，因为他在不久之前，编了一本杂文集，叫做《坟》，所以他要单独在坟边照个相。我们全体拍了照之后，我就扶着他，走到那高低不平的龙舌兰丛生的坟的祭桌上，他就在那儿照了一个相。"[1]

那龙舌兰丛生的坟的照片寄到上海，赶印到了鲁迅的《坟》中了，表示那集子里的几篇杂文，是被埋葬了的坟。《坟》是鲁迅在厦门编就的，收1907年至1925年所作论文23篇，是鲁迅作品集里时间跨度最大的，鲁迅在为《坟》撰写的

---

[1] 俞荻：《回忆鲁迅先生在厦门大学》，《文艺月报》1956年10月号。

后记中写道：“今夜周围是这么寂静，屋后面的山脚下腾起野烧的微光；南普陀寺还在做牵丝傀儡戏，时时传来锣鼓声，每一间隔中，就更加显得寂静。”

这是一幅生动活泼、有声有色的厦门民俗画，据此可以遥想鲁迅从厦门大学宿舍的窗口眺望南普陀寺的情景。

水横枝青葱得可爱

（1927年）

1927 年 1 月 18 日，鲁迅在广州天字码头"抱着梦幻"登陆，9 月 27 日，乘坐"山东号"轮船离开，奔赴上海，与广州结缘 8 个月零 9 天。

吸引鲁迅来到广州的，可以用鲁迅自己的话表述："我抱着和爱而一类的梦，到了广州，在饭锅旁边坐下。"

"和爱而一类的梦"，当然是指与许广平的会合。此外还有饭碗的原因，即中山大学的邀请。当年，中山大学邀请鲁迅任中大中文系主任兼教务主任，在厦门大学郁郁不得志的鲁迅欣然同意，他想"造一条战线，更向旧社会进攻"。这个饭碗对鲁迅非常重要。据成健先生研究，当时鲁迅每月的薪酬高达 500 元，一半是现金，一半是广东国民政府以国库名义发行的债券。当时，同在中山大学担任预科教授的许寿裳的月薪只有鲁迅的一半，是 240 元，而助教级不过 100 元。[①]

到广州后，鲁迅在许广平、孙伏园的帮助下搬到了中山大学钟楼。这是一座仿西欧古典式砖木结构建筑，形如"山"字，原是中山大学校本部办公楼，正门为拱形圆柱廊，因楼四

---

① 成健：《鲁迅那时代的广州物价》，《羊城晚报》2016 年 4 月 22 日。

面上方装置了时钟，故名"钟楼"。这里现在不仅是鲁迅纪念馆，也是国民党一大旧址，还保留着广东贡院号舍（考室）遗迹。钟楼前的绿地曾是广州最早的标准化运动场，因孙中山每周在这里讲解三民主义，而被誉为"革命的大本营"。笔者曾专程探访，如今，这里古榕环抱，木棉参天，簇拥着安静的钟楼，革命的气息早已远去，游人闲闲，时光从容。

1927 年 2 月 8 日的《广州民国日报》公布了中山大学新聘定之各科系主任，鲁迅排名第一，其后是哲学系主任兼文科主任傅斯年，再后是史学系主任孙伏园等。作为中文系主任，鲁迅在中山大学开设了多门课程。笔者参观时，还看到广州鲁迅纪念馆别出心裁地把鲁迅开设的课程用粉笔罗列在黑板上，使人身临其境。计有文艺论、中国文学史（上古至隋）、中国小说史等，其中文艺论分别是文史科选修科目、中文系中国文学组必修科目、中文系英国文学组必修科目，每周均为三小时，学生人数多至 204 人，教室无法容纳，就改在中大礼堂。

曾在中山大学听过鲁迅课的欧阳山回忆："一上课，不只大礼堂里坐满了人，连四周的窗台也坐满了人，还有更多是站在窗子外，大门口……但每一次鲁迅先生讲课我都是闻所未闻的，当时听了真如获至宝。同时他非常幽默，常常讲一些引人发笑的话，但自己却不笑，因为他的态度那么严肃，更引得课堂里的学生们哈哈大笑。"①

鲁迅初到广州的时候，"有时确也感到一点小康"。一方

---

①欧阳山：《南中国文学会及其它》，载钟敬文等著《永在的温情——文化名人忆鲁迅》，河北教育出版社，2000。

面，他和爱人许广平会合了；另一方面，鲁迅很喜欢广州的饮食。他给朋友写信时如是说："这里很繁盛，饮食倒极便当，食物虽较贵而质料殊佳。"据不完全统计，鲁迅在广州 9 个月光顾过的茶室酒楼就有 20 多家。在和友人的通信中，他也列举了广州的水果，如 5 月，"荔枝已上市，吃过两三回了，确比运到上海者好，以其新鲜也"；7 月，"吃糯米糍，龙牙蕉，此二种甚佳，上海无有"；8 月，"荔枝已过，杨桃上市，此物初吃似不佳，惯则甚好，食后如用肥皂水洗口，极爽。秋时尚有，如来此，不可不食，特先为介绍"。鲁迅自己更是认为，他在广州"最卓著的成绩"是宣传杨桃的功德："我常常宣传杨桃的功德，吃的人大抵赞同，这是我这一年中最卓著的成绩。"

但渐渐地他发现，好日子远远没有到来。"我是来教书的，不意套上了文学系（非科）主任兼教务主任，不但睡觉，连吃饭的功夫也没有了。"他后来在致章廷谦的信中说："中大当初开学，实在不易，因内情纠纷，我费去气力不少。"同时，广州青年对鲁迅抱有很大期望，提出了"思想革命"的任务，拔高、利用、打压鲁迅的势力都给他造成了困扰，引发其思想和精神的焦虑。

鲁迅在思想和行动上，开始一点一点疏远中山大学。

1927 年 3 月 29 日，鲁迅搬出中山大学的标志性建筑大钟楼，搬进了珠江东堤上的白云楼。

白云楼建于 1924 年，是一座钢筋混凝土结构的三层楼房，圆形立柱有罗马建筑韵味，门窗装饰富巴洛克风格，透露出富丽堂皇的感觉。据说此楼西南和北面墙壁上原悬挂木刻"白云楼"横匾，后改为水泥。笔者探访时，未见到"白云楼"横匾，只看到西段第一道门上方浮雕有"邮局"二字。原来1949年后，白云楼曾为邮电部门职工宿舍。外墙上钉着一白一黑两块石碑，显示白云楼鲁迅故居早在1985年就被公布为广东省文物保护单位。

当年，鲁迅租赁了白云楼西段第一道门二楼的1厅3房，与许寿裳、许广平合居。这里"地甚清静，远望青山，前临小港"，非常适合写作，看得出，鲁迅对此处环境是很满意的。

但是，就在此时，上海发生了"四一二"政变，紧接着，广州发生了"四一五"政变，国民党在广州开始"清党"，中山大学遭到大搜捕。鲁迅以教务主任的名义召集各系主任设法营救被捕学生，但他的主张未能得到中大校务实际主持者朱家骅的支持，鲁迅愤怒退席。1927年5月，鲁迅在致章廷谦的信中说："我在此只三月，竟做了一个大傀儡……现在他们还挽留我，当然无效，我是不走回头路的。"显示出非走不可、无可商量的决心。

"四一五"政变使鲁迅非常悲愤，但同时，他也学会了保护自己，如致电《循环日报》要求澄清流言，声明他在广州的事实，只是最后未能如愿；同时，他写信给广州市公安局长报告自己的住址，"表示随时听候逮捕，虽然公安局长回信安慰他，又有些有力者保证他的安全，而他似乎仍不免有些愤闷、烦躁"。

虽然被鲜血吓得目瞪口呆，但鲁迅还是选择留在广州，以相对安全的方式针砭现实。比如7月份的夏期演讲会《魏晋风度及文章与药及酒之关系》，借魏晋间的知识分子的遭遇和苦闷来对照他自己目前的遭遇和苦闷。正是"借他人酒杯，浇自己块垒"。

1927 年 5 月 1 日，无官一身轻的鲁迅在白云楼上，难得地写到了他居住的环境及其时的心境：

> 广州的天气热得真早，夕阳从西窗射入，逼得人只能勉强穿一件单衣。书桌上的一盆"水横枝"，是我先前没有见过的：就是一段树，只要浸在水中，枝叶便青葱得可爱。看看绿叶，编编旧稿，总算也在做一点事。做着这等事，真是虽生之日，犹死之年，很可以驱除炎热的。

这段文字非常精彩，颇富张力，但正如朱崇科先生所言，其中也藏匿着鲁迅的一种中年心境：在现实与理念之间、绿叶的生机盎然与自己的混天度日编旧稿之间彰显出淡淡的不甘与无奈。①

"水横枝"是茜草科、栀子属观赏植物。在南方暖和地区，取栀子的一段浸植于水钵，便可长出绿叶，这就是"水横枝"，又称木丹、鲜支、越桃、山栀花、栀子花、黄栀子、白蟾花、禅客花等，性喜温暖、湿润，怕积水，对二氧化硫有抗性，可吸硫净化大气。

笔者参观广州鲁迅故居时就看到，复原的鲁迅书桌上，放

---

①参见朱崇科《精神焦虑：论鲁迅在广州》，《上海交通大学学报》（哲学社会科学版）2013 年第 1 期。

看看绿叶，编编旧稿，总算也在做一点事。

着一盆著名的"水横枝"，果然只是将一段树枝浸在清水中便绿意盎然。这种无土栽培法，不知道在北方的气候中是否可以效仿。

资料载，白云楼会客厅在入门处，陈设简朴，椅子是竹制的；鲁迅的房子、窗户正对马路。楼下西侧是走廊，面对东濠涌，螺旋式楼梯，可通二、三楼。但笔者探访时，白云楼大门紧闭，木门油漆剥落，拉手锈迹斑斑，看不出有人进出的痕迹。

鲁迅回归创作，是他在广州做出的抉择。从骨子里说，鲁迅更擅长自由创作。1927 年 7 月 16 日在广州知用中学演讲时，他说："研究是要用理智，要冷静的，而创作须情感，至少总得发点热，于是忽冷忽热，弄得头昏，——这也是职业和嗜好不能合一的苦处。苦倒也罢了，结果还是什么都弄不好。那证据，是试翻世界文学史，那里面的人，几乎没有兼作教授的。"

鲁迅在广州时期的绝大部分作品属于机动灵活的杂文，后来辑为《而已集》，可以看作是他对自己在广州的小结："这半年我又看见了许多血和许多泪，然而我只有杂感而已。泪揩了，血消了；屠伯们逍遥复逍遥，用钢刀的，用软刀的。然而我只有'杂感'而已。连'杂感'也被'放进了应该去的地方'时，我于是只有'而已'而已！"

在广州，鲁迅见证了革命策源地到反革命策源地的转换，他也受了"红中夹白"的广州"革命"的欺骗，感受到了政治背后的肮脏。

1927 年 9 月 3 日，鲁迅在给李小峰的通信中如此谈及他对广州生活的小结："访问的，研究的，谈文学的，侦探思想的，要做序，题签的，请演说的，闹得个不亦乐乎。我尤其怕的是演说，因为它有指定的时候，不听拖延……事前事后，我常常对熟人叹息说，不料我竟到'革命的策源地'来做洋八股了。"

这已经预示着鲁迅不得不逃离广州。

1927 年 9 月 27 日，焦虑的中年人鲁迅携带他的爱人许广平登上"山东号"轮船，离开广州去了上海。

一代文豪与广州的缘分终结了。这不是一个单纯的个人选择，而是时代风云和个人命运淘洗的必然结果。

鲁迅后来是这样评介广州的："我觉得广州究竟是中国的一部分，虽然奇异的花果，特别的语言，可以淆乱游子的耳目，但实际是和我所走过的别处都差不多的。倘说中国是一幅画出的不类人间的图，则各省的图样实无不同，差异的只在所用的颜色。黄河以北的几省，是黄色和灰色画的，江浙是淡墨和淡绿，厦门是淡红和灰色，广州是深绿和深红。"（《在钟楼上》）

他还说："广东还有点蛮气，较好。"

动植物译名小记

（1927年）

1926 年 7 月至 8 月，鲁迅在齐寿山的协助下，翻译了荷兰作家望·蔼覃（凡·伊登，1860—1932）的经典长篇童话《小约翰》，1928 年 1 月由北京未名社出版，列为《未名丛刊》之一。

凡·伊登是 19 世纪末 20 世纪初荷兰最受读者喜爱、影响最大的作家之一，本是一名医生、精神分析学家，后期逐渐放弃了文学写作，将个人兴趣完全转移到对梦境的医学分析和研究上。《小约翰》完成于 1887 年，被鲁迅称为"无韵的诗，成人的童话"，是凡·伊登的代表作品。这本童话的对白是欧洲文人才有的思辨天赋，写得十分精彩，动物、植物、精灵、人世，混沌的世间充满了荒诞和奇异。《小约翰》以"近于儿童的简单语言"、隐寓象征的笔法，探讨的却是关乎人生理想、意义、价值与责任的沉重话题。主人公小约翰苦苦寻求那本"解读人生所有疑问的大书"的经历，某种程度上正是人类心志成长历程的缩影。1927 年 5 月 30 日，鲁迅在广州东堤寓楼之西窗下为《小约翰》中文版所写的引言中，对该书有深刻而精彩的论述。他说，这是一篇"象征写实底童话诗"，"因为作者的博识和敏感，或者竟已超过了一般成人的童话了。其中如金虫的生平，菌类的言行，火萤的理想，蚂蚁的平和论，都是实际和幻想的混合。我有些怕，倘不甚留心于生物界现象的，会因此减少若干兴趣。但我预觉也有人爱，只要不失赤子之心，而感到什么地方有着'人性和他们的悲痛之所在的大都市'的人们"。小说看似是写孩子的，但即便是在大人的世界里，那些追问和思考，仍是深刻的哲学。

1926年7月6日，鲁迅在《马上支日记》里记述了翻译《小约翰》的情形：

> 到中央公园，径向约定的一个僻静处所，寿山已先到，略一休息，便开手对译《小约翰》。这是一本好书，然而得来却是偶然的事。大约二十年前罢，我在日本东京的旧书店头买到几十本旧的德文文学杂志，内中有着这书的绍介和作者的评传，因为那时刚译成德文。觉得有趣，便托丸善书店（日本东京神田区的一家外文书店——笔者注）去买来了；想译，没有这力。后来也常常想到，但是总被别的事情岔开。直到去年，才决计在暑假中将它译好，并且登出广告去，而不料那一暑假过得比别的时候还艰难。今年又记得起来，翻检一过，疑难之处很不少，还是没有这力。问寿山可肯同译，他答应了，于是就开手，并且约定，必须在这暑假期中译完。

鲁迅在即将离开北京之际，和他共事多年的朋友、曾经帮他译过《工人绥惠略夫》的齐宗颐，躲在中央公园的一间红墙的小屋里，先将这本书译成一部草稿。

"我们的翻译是每日下午，一定不缺的是身边一壶好茶叶的茶和身上一大片汗。有时进行得很快，有时争执得很凶，有时商量，有时谁也想不出适当的译法。译得头昏眼花时，便看看小窗外的日光和绿荫，心绪渐静，慢慢地听到高树上的蝉鸣，这样地约有一个月。"不久，鲁迅带着草稿到厦门大学，又到广州中山大学，最后"带着逃进自己的寓所，刚刚租定不到一月的，很阔，然而很热的房子——白云楼"，费时一个月译完了。

鲁迅专门写到，这本书"动植物的名字也使我感到不少的困难"。他身边只有一本《新独和辞书》，"从中查出日本名，再从一本《辞林》里去查中国字"。然而查不出的还有二十余种，又委托弟弟周建人在上海查考较详的辞典。即便是这样，还是不理想，原因是"我们和自然一向太疏远了，即使查出了见于书上的名，也不知道实物是怎样"。

关于动植物的译名，鲁迅在《小约翰》引言中解释过几个，但意犹未尽，又于 1927 年 6 月 14 日作了一篇《动植物译名小记》，印入 1928 年 1 月北京未名社出版的《小约翰》。文中，鲁迅一面惦记那剩在北京的几本陈旧的关于动植物的书籍是否无恙，一面记叙与在上海的周建人函件往返七回，而函商的结果也并不好。因为他可查的德文书也只有德国动物学家赫尔特维希的动物学著作和德国植物学家施特拉斯布的植物学著作，自此查得学名，然后再查中国名。周建人又引用了几回中国唯一的《植物学大辞典》（上海商务印书馆 1918 年版）。"但那大辞典上的名目，虽然都是中国字，有许多其实乃是日本名。日本的书上确也常用中国的旧名，而大多数还是他们的话，无非写成了汉字。倘若照样搬来，结果即等于没有。我以为是不大妥当的。"除此之外，鲁迅还参考了英国真司腾的营养学著作《化学卫生论》，以及《本草别录》《玉篇》《博雅》等中国古籍。就这样，鲁迅对《小约翰》中颇费踟蹰的20多种树木、花草、昆虫、禽鸟、鱼和菌类的译名做了一番解释。[①]

鲁迅深深地感觉到，中国的旧名太难，有许多字他就不认识，连字音也读不清；要知道它的形状，去查书，又往往不得要领。鲁迅还认为，经学家对于《诗经》上的鸟兽草木虫鱼，小学家对于《尔雅》上的释草释木之类，医学家对于《本草纲目》上的许多动植物，"一向就终于注释不明白，虽然大家也七手八脚写下了许多书"。于是他就这个重要的课题做出"专心的生物学家"为动植物正名的设想：

> 我想，将来如果有专心的生物学家，单是对于名目，除采取可用的旧名之外，还须博访各处的俗名，择其较通行而合用者，定为正名，不足，又益以新制，则别的且不说，单是译书就便当得远了。

在《动植物译名小记》中，鲁迅依照《小约翰》的章次，对动植物的译名作了注解和说明。

涉及植物的，兹举几例：

Buche 是欧洲极普通的树木，叶卵圆形而薄，下面有毛，树皮褐色，木材可作种种之用，果实可食。日本叫作橅（Buna），他们又考定中国称为山毛榉。《本草别录》云："榉树，山中处处有之，皮似檀槐，叶如栎槲。"很近似。

旋花（Winde）一名鼓子花，中国也到处都有的。自生原野上，叶作戟形或箭镞形，花如牵牛花，色淡红或白，午前开，午后萎，所以日本谓之昼颜。

第七章的翠菊是 Aster；莘尼亚是 Zinnia 的音译，日本称为百日草。

第九章上还记着他（主人公小约翰）遇见两种高傲的黄色的夏花：Nachtkerze und KÖlnigskerze，直译起来，是夜烛和王烛，学名 Oenother biennis et Verbascum thapsus。两种都是欧洲的植物，中国没有名目的。前一种近来输入得颇多；许多译籍上都沿用日本名：月见草，月见者，玩月也，因为它是傍晚开的。但北京的花儿匠却曾另立了一个名字，就是月下香；我曾经采用在《桃色的云》里，现在还仍旧。

在中国古代文献中，动植物名称与实物对照模糊，尤其是植物、动物的中外译名不统一、不规范，鲁迅是首先触及这个问题的翻译家。他列举了翻译《小约翰》时遇到的树木、昆虫、花草、禽鸟等外文名称以及考证准确的中文译名，期待将来有专心的生物学家对动植物的名目，结合旧名、俗名，"择其较通行而合用者，定为正名"。鲁迅提出的这一博物学课题和殷切的希望，至今仍是大课题。

翻译《药用植物》

（1930年）

1930年，左翼作家联盟包括鲁迅的处境都比较困难，在这种情况下，鲁迅一方面以不同的笔名发表文章，继续保持着对时局的话语权，另一方面，又将目光投向自然科学，发挥他医学科班的优势，着手翻译了日本药物学权威刈米达夫（1893—1977）的《药用植物》。

鲁迅翻译的《药用植物》连载于其三弟周建人在商务印书馆负责的《自然界》月刊1930年第5卷第9、10期和1931年第6卷第1、2期，1936年又被编入王云五、周建人主编的《中学生自然研究丛书》，取名《药用植物及其他》，由上海商务印书馆出版。

《药用植物及其他》秉承了商务馆关心自然科学的一贯传统，分上下两篇：药用植物和其他有用植物。主要篇目有《总说》《药用植物的种类》《中国产的天然染料》《漆树栽培法及制漆》等，该书也包含我国历代劳动人民所积累起来的丰富的用药治病经验，如书中说甘草是生于中国的多年生草本植物，中医"常用于咽喉诸病，为镇咳药"，每年大宗输入日本，对延胡索、当归、柴胡、苍术、桂皮等也进行了介绍和分析。

《药用植物及其他》介绍了西方现代药物学知识，正如鲁迅所言："故科学者，神圣之光，照世界者也，可以遏末流而生感动。时泰，则为人性之光；……盖使举世惟知识之崇，人生必大归于枯寂，如是既久，则美上之感情漓，明敏之思想失，所谓科学，亦同趣于无有矣。"重视自然科学，把自然科学知识与精神当作人性的两翼之一，不可或缺，这正是鲁迅思想的特质。

鲁迅翻译《药用植物》自然涉及他对中医的态度问题。

鲁迅前期对中医是抱有成见的，甚至不无反感，比如在散文《朝花夕拾·父亲的病》中，对于药引要"冬天的芦根，经霜三年的甘蔗，蟋蟀要原对的，结子的平地木"是很反感的。他抨击、嘲讽了绍兴的几个"名医"所谓"医者，意也""舌乃心之灵苗""医能医病，不能医命"之类的主张，说"中国人的'命'，连名医也无从医治的"，"渐渐的悟得中医不过是一种有意的或无意的骗子，同时又很起了对于被骗的病人和他的家族的同情"。

"中医不过是一种有意的或无意的骗子"，是鲁迅在获得了英国合信写的生理学、营养学著作《全体新论》，以及英国真司腾写的《化学卫生论》等新知识之后，联系他父亲的病时所说的话。他赴日学医，是准备毕业回国后，"救治象我父亲似的被误的病人的疾苦"。鲁迅早期看待问题的方法上还包含着不少形而上学的成分，难免存在片面性和绝对化，对中医药的看法便有偏颇之处。如在《坟·从胡须说到牙齿》中说过："自从盘古开天辟地以来，中国就未曾发明过一种止牙痛的好方法。""我从小就是牙痛党之一……住的又是小城，并无牙医……惟有《验方新编》是唯一的救星；然而试尽'验方'都不验。"他还在《华盖集·忽然想到一至四》里说《内经》直到现在"还是医家的宝典"，"这可以算得天下奇事之一"。

后来，随着世界观的转变，鲁迅对祖国医药学的认识，应用了历史唯物主义和辩证唯物主义的观点，看法日趋完整、全面、严谨和正确。1933 年，鲁迅作《经验》一文，对我国明代伟大的医药学家李时珍的《本草纲目》给予了充分的肯定。他写道："这一部书，是很普通的书，但里面却含有丰富的宝藏。""大部分的药品的功用，却由历久的经验，这才能够知道到这程度，而尤其惊人的是关于毒药的叙述。"并指出这部"庞大的书"，是古人"费去许多牺牲，而留给后人很大的益处"。

许广平说："鲁迅非常称赞《验方新编》上的一些药方，曾经亲自介绍一位朋友用它治疗形在孩子的疝病。"这同他早期的意见形成了鲜明的对照。许广平还回忆"当用白凤丸治妇科病有效的事实给他亲眼看到以后，他就很热心的向熟识的朋友介绍"。许广平写道，鲁迅在上海时和周建人在茶余饭后，从植物学谈到《本草纲目》，他自己也曾经生过"抱腰龙"的病，也用一种简单的药物治疗好了。"他常常向周围的人称谈过一种叫'草头郎中'的医生，以为他们用几样简单的生草药治病，往往有非常好的效果。"①

另外，鲁迅在《我的种痘》一文中对种痘这项祖国医学的重大成就加以介绍和肯定。据记载，我国 16 世纪已广泛采用

①许广平：《略谈鲁迅对祖国文化遗产的一二事》，《我与鲁迅》，江苏凤凰文艺出版社，2019。

人痘接种法，以轻症天花病人的痘疹接种鼻内（又称鼻苗）为当时抗天花的唯一方法，也是世界上最先使用人工免疫法的实例。鲁迅经常鼓动大家接种牛痘："我是一向煽动人们种痘的，……然而困难得很，因为大家说种痘是痛的。再四磋商的结果，终于公举我首先种痘。作为青年的模范，于是我就成了群众所推戴的领袖，率领了青年军，浩浩荡荡，奔向校医室里来。"同时，他还把儿童的种痘，当作保护下一代健康的大事来抓。海婴出生不久，鲁迅就同夫人抱着海婴到福民医院种痘，并且高兴地记录："上午同广平携海婴往福民医院诊视牛痘，计出三粒，极佳。"（1930 年 2 月 6 日鲁迅日记）

在鲁迅的翻译生涯中，《药用植物》并不突出，但鲁迅的这一翻译在 20 世纪 30 年代非常有价值，概言之，是他用自己的翻译，对动植物命名中的"语言帝国主义"做了一次有价值的反抗。

世界上植物的标准名称，不是其英文名或者法文名，更与中国方块字无缘，而是指拉丁名。虽然拉丁文是一种死去的语言，却是重要的学术语言。中国的牡丹、辽宁冷杉、银杏、东北细辛、元宝枫、大苍角殿、紫荆花等，都只是俗名或者地方名。目前，植物学界普遍遵守的是《国际植物命名法规》，这一法规诞生于 1905 年的第二届维也纳国际植物学大会。根据《国际植物命名法规》，每种植物只有一个合法的拉丁学名，代表着物种的身份唯一性。

人类自古以来就对动植物进行命名和分类。早期的博物学从民间汲取了大量的地方性知识和乡土知识，动植物名称丰富多彩。但随着现代博物学的兴起，通俗形象且和原产地文化密切相关的乡土动植物俗名被文雅、高贵又生僻的拉丁学名所取代。这种命名法虽然使动植物的名称统一了，但抹杀了植物的本土文化特征，掩盖了欧洲以外的其他知识传统和文化特点，归根结底，是帝国主义权力的象征。因此，这种命名方式具有"语言帝国主义"的特征。

据姜虹先生研究，"语言帝国主义"（Linguistic Imperialism）的概念是 1992 年哥本哈根大学知名学者菲利普森提出的。如英语、西班牙语、葡萄牙语对美洲的影响，中国香港和印度的英语化等。18 世纪到 20 世纪初，一大批西方植物猎人深入中国，采集大量的动植物标本和活体带到西方，对它们进行重新命名和描述。"他们的信念里充满父权家长帝国主义想法，深信自己有权利和责任获取关于中国自然界的知识，特别有关经济价值的动植物产品及知识。"动植物的名字都被打上了深深的帝国主义烙印，如麋鹿（*Elaphums davidianus*）和珙桐（*Davidia involurata*）都是以法国博物学家、天主教遣使会会士谭卫道命名的，等等。中国植物名称所带有的文化意义也在拉丁化中被严重抹杀，如"杜仲"相传是一位道士的名字，因为常吃这种植物而长生不老，"百合"是表示鳞茎由许多（百）鳞片包裹在一起（合），而这些植物的拉丁学名显然看不到汉语里原本的含义和典故。[①]

在这种情况下，鲁迅翻译刘米达夫的《药用植物》是有

---

①姜虹：《动植物命名中的"语言帝国主义"》，《中国社会科学报》2016 年 12 月 13 日。

很深的用意的。他用这一翻译行动反对帝国主义植物学的语言霸权。鲁迅主张中国的植物应该采用自己的名字，而不是从日文或欧洲语言照搬过来，这一主张即置于当今亦有重要意义。

林木伐尽后一滴水将和血液等价

（1930年）

　　鲁迅是一位自觉的生态保护先行者，比一般人更早地认识到保护林木的价值。1930年，他在给周建人辑译的《进化和退化》一书所作的小引中，就发出了先知般的呼告：

> 沙漠之逐渐南徙，营养之已难支持，都是中国人极重要，极切身的问题，倘不解决，所得的将是一个灭亡的结局。……林木伐尽，水泽湮枯，将来的一滴水，将和血液等价，倘这事能为现在和将来的青年所记忆，那么，这书所得的酬报，也就非常之大了。

　　这本《进化和退化》收录周建人辑译的关于生物科学的文章八篇，1930年7月由上海光华书局出版。鲁迅所作小引此后则收入他的《二心集》。

　　鲁迅的三弟周建人（1888—1984），原名松寿，民进创始人和主要领导人之一，著名社会活动家、生物学家、统一战线工作者、鲁迅研究家和妇女解放运动的先驱者之一。周建人的著述以生物学为主，他精通英德两种语言，多有译作，著有《生物学》《动物学》《植物学》等，译有《进化与退化》、《物种起源》（合译）、《赫胥黎传》等。

周氏三兄弟中，周建人的文化造诣比鲁迅、周作人稍逊，但有宽广的家国视野和胸怀，从政终有建树。新中国成立后，周建人历任国家出版总署副署长、浙江省人民政府副主席、高教部副部长、浙江省省长，最后官至全国人大常委会副委员长，1984年逝世，享年96岁。

鲁迅为周建人的自然科学著作作小引，除兄弟情深外，还因为鲁迅也是一位长于自然科学的大家，只不过他在自然科学领域的光芒长期被文学所遮盖。

鲁迅对于自然科学的爱好是一种本能，这种本能又是如此强烈，从痴迷外化为自觉的行动。1902年3月，鲁迅获准官费赴日留学时，行李中就带着一本《科学丛书》，足见其对科学的迷恋，否则绝不会在漂洋过海时为有限的行李增添负担。鲁迅非常关注自然科学界取得的新成果，并及时向国人译介。1903年10月，鲁迅发表了《说鈤》，介绍居里夫人发现镭的过程及其科学价值。他1907年作的《科学史教篇》，是我国最早的一篇阐述西方自然科学发展史的论文，专门介绍欧洲自然科学的发展历史。文学与自然科学交叉产生的科幻小说也是鲁迅所喜欢的。1903年，他翻译了凡尔纳的《月界旅行》，1905年又发表科幻译作《造人术》。和绝大多数具有严重"偏科"倾向的文学家相比，鲁迅的自然科学修养，使他的文学活动多了一个学科参照系，在审视民族性、抨击时弊的时候，多了理性的思考。忽视自然科学与鲁迅的关系，就不能完整理解鲁迅精神。

鲁迅丰富的自然科学知识不仅增加他的杂文的批判力量，而且也大大增强了感染力。比如他随手选取昆虫做材料，就能写出漂亮的文字。在《春末闲谈》中鲁迅写道："这细腰蜂不但是普通的凶手，还是一种很残忍的凶手，又是一个学识技术都极高明的解剖学家。她知道青虫的神经构造和作用，用了神奇的毒针，向那运动神经球上只一螫，它便麻痹为不死不活状态，这才在它身上生下蜂卵，封入窠中。青虫因为不死不活，所以不动，但也因为不活不死，所以不烂，直到她的子女孵化出来的时候，这食料还和被捕当日一样的新鲜。"他用细腰蜂做比喻，形象地揭露了统治者利用愚民手段害民的高招。

　　鲁迅深知自然科学之重要，因此在给青年朋友的一封信中就告诫他们不要专看文学书，也要注意科学知识的修养。他说，一般的"文学青年，往往厌恶数学、理化、史地、生物学，以为这些都无足轻重，后来变成连常识也没有，研究文学固然不明白，自己做起文章来也糊涂，所以我希望你们不要放开科学，一味钻在文学里"。鲁迅认为，搞文学创作的人，要有起码的科学常识。可惜至今还有很多空头文学家未接受鲁迅的告诫，他们不仅连常识也没有，文章也作得很糊涂。

　　相比较而言，自然科学之于周建人则是一种职业。辛亥革命前，周建人任绍兴僧立小学教员兼校长，自修植物学与英语，后在北京大学旁听科学总论和哲学等课程。1921年，到上海商务印书馆任编辑，编写中小学动植物教科书、自然科学小丛书等，并任《自然》杂志编辑，普及科学知识。1923年，经沈雁冰介绍结识瞿秋白，同年应瞿秋白之邀在上海大学任生物学教授。

周建人在上海滩最早被人熟知源自他 20 世纪 30 年代创作的科学小品，这些科普文章宣传科学，开启民智，引导了文明的进程。另外，周建人主编的中小学动植物教科书、自然科学小丛书等，成为当时中小学的教材，陪伴了一代人的成长。今日看来，这仍是一件了不起的事。

1930 年鲁迅为周建人的自然科学著作作小引的时候，已经以对中国国民性痛切的批判而名满华夏，但从这篇文章中可以看出，鲁迅对于生态保护，对于"最近的进化学说的情形"，对于"中国人将来的运命"，以及对于自然科学本身的进步，其思考仍然非常深入。他认为"进化学说之于中国，输入是颇早的，远在严复的译述赫胥黎《天演论》"，"但终于也不过留下一个空泛的名词"，到了现在，"连名目也奄奄一息了"。我们生息于自然中，而于此等"自然大法"的研究，大抵未尝加意。鲁迅认为"沙漠之逐渐南徙，营养之已难支持，都是中国人极重要、极切身的问题，倘不解决，所得的将是一个灭亡的结局"。因此呼告"林木伐尽，水泽湮枯，将来的一滴水，将和血液等价"。

但是鲁迅的思想，没有停留在对"自然大法"的研究本身，他话锋一转回到了批判的老本行，思考了更加深刻的问题。

他说，治水和造林，一看好像是极简单容易的事，其实并非如此。鲁迅引述了美国记者史沫特莱所讲的故事："她（使女）说，明天她要到南苑去运动狱吏释放她的亲属。这人，同六十个别的乡人，男女都有，在三月以前被捕和收监，因为当别的生活资料都没有了以后，他们曾经砍过树枝或剥过树皮。他们这样做，并非出于捣乱，只因为他们可以卖掉木头来买粮食。……南苑的人民，没有收成，没有粮食，没有工做，就让有这两亩田又有什么用处？……一遇到些少的扰乱，就把整千的人投到灾民的队伍里去。……南苑在那时（军阀混战时）除了树木之外什么都没有了，当乡民一对着树木动手的时候，警察就把他们捉住并且监禁起来。"①

鲁迅的结论是，这样的树木保护法，结果是增加剥树皮、掘草根的人民，反而促进沙漠的出现。但这是社会科学的范围，自然科学无法顾及。

此时，鲁迅从"林木伐尽后一滴水将和血液等价"的警诫中，回到了他社会批判者的身份。果然，他笔端的锋芒任何时候都是发着光的。

鲁迅是自觉的环保主义者，在很多场合谈到他的环保意识。如与日本友人内山完造谈话时，曾说："中国的将来，如同阿拉伯的沙漠，所以我要斗争。"②他固然说的是思想或社会领域的斗争，但切入点还是环保。

鲁迅还与一名叫浅野要的日本记者（也是鲁迅在上海时的邻居）就环保问题有过深入的交流，内容为"论中国沙漠化"。他说："在遥远的将来，中国如果还是现在这个样

---

　　①史沫特莱：《中国乡村生活断片》，《萌芽月刊》1930年5月1日第一卷第5期。
　　②内山完造：《鲁迅先生》，《鲁迅先生纪念集》第二辑，上海书店，1979。

子，那么戈壁的沙漠肯定会南移，中国的全土将会被沙石埋没。""请看看中国广阔无垠的原野、山岭吧，哪里还有像样的树木！山岭是光秃秃的；田野上幸存的也都是些幼小的树木。……中国是长不出树来的，于是政府的植树造林政策也就归于失败了。"①

鲁迅思考植树造林政策和民族命运时的忧愤和焦虑于此可见。

---

① 武德运：《外国友人忆鲁迅》，北京图书馆出版社，1998。

岂惜芳馨遗远者

（1931年）

养兰是鲁迅一生不变的爱好。

20世纪20年代末，鲁迅移居上海后，结识了日本兰友小原荣次郎。

小原荣次郎是东京"京华堂"的老板，因钦慕中国兰花，20世纪20年代始专事中国兰花的贩卖，曾到过绍兴、杭州、上海、苏州、无锡等地，同著名兰家诸涨富有旧，并两次约请他赴日帮忙设计兰圃，在日本兰界颇有影响。

1931年1月7日，中共六届四中全会召开，主要目的是在共产国际的主导下，扶持王明成为中国共产党的领袖。在这次会议上，王明和博古都被增补为中央委员，王明成为政治局委员。会后，罗章龙、史文彬等不承认四中全会选举结果的人，另外成立了"中共中央非常委员会"，简称"非委"。1月17日，"非委"在上海三马路东方饭店举行扩大会议，由于叛徒告密，会场被大队英租界巡捕及便衣警探包围，29位革命青年被当场逮捕。其中有柔石、殷夫、胡也频、李伟森、冯铿等5位左翼作家。关于告密者，一般有两种说法，一种说法是顾顺章打电话向工部局告密，另一种说法是一个从莫斯科东方大学回国的学生，与龙华惨案有关。此人叫唐虞，他与王明很要好。[①]

1月20日，鲁迅获悉柔石等人被捕，又听到国民党反动派要搜捕自己的消息，便烧掉朋友们的信札，在内山完造的帮助下，到日本人开设的花园庄旅馆避难。2月7日，柔石等24位革命者被国民党反动派秘密活埋或枪杀于上海龙华警备司令部。

由于是秘密杀害，国民党反动派封锁消息，鲁迅一时还未能获悉他们遇害，但已预感到"椒焚桂折"的悲惨结局。此时，适逢小原荣次郎采兰将归国，鲁迅以友人携兰东归为题，借兰抒情，书赠七绝一首。鲁迅日记1931年2月12日载："日本京华堂主人小原荣次郎君买兰将东归，为赋一绝句，书以赠之。"并记下了这诗的全文。在本诗的手迹上，鲁迅也写有"京华堂主人小原荣次郎先生携兰东归以此送之"的字样。诗曰：

送 O．E．君携兰归国

椒焚桂折佳人老，独托幽岩展素心。

岂惜芳馨遗远者，故乡如醉有荆榛。

O.E.君，根据郭沫若的介绍，"是日本的一位小商人小原荣次郎"。O.E.是他姓名罗马字拼音（Obara Eiziro）的头两个字母。他"在东京日本桥开了一家店铺，叫'京华堂'，专门

---

①参见朱正《一个人的呐喊：鲁迅1881—1936》，北京十月文艺出版社，2007。

卖些中国的杂货，什么都有，纸张笔墨，陶瓷图章，假古董，等等。他和上海内山书店的老板内山完造是好朋友。……后来因贩卖中国兰草而成了名了"。鲁迅送他的这首诗，他十分珍视，一直"挂在他的店铺里"。①

这首诗是在避居期间所写，即柔石等左联五烈士被杀害（1931年2月7日）后的第五天。鲁迅当时虽然还不知道确切消息，但估计凶多吉少，心情是十分悲痛和激愤的。然而鲁迅深信，革命者绝不会被杀绝，他们必将前仆后继，战斗不息。

这首诗最初发表于1931年8月10日《文艺新闻》第22号，后收入《集外集》。1934年杨霁云从《文艺新闻》录下本诗拟编入《集外集》，寄请鲁迅过目。鲁迅1934年12月29日致杨霁云信说："诗（是一九三一年作）可以收入，但题目应作《送O.E.君携兰归国》。"可见本诗的题目是鲁迅自己改定的。

"椒焚桂折佳人老"，比喻反动派的白色恐怖，"佳人"比喻献身无产阶级解放事业的左翼作家。故"椒焚桂折"是指革命青年被残杀。"独托幽岩展素心"这一句写到了兰花本身，一切芬芳的花木都被摧残殆尽，唯有兰花在幽谷中开放。《家语》有这样的话："芝兰生于深林，不以无人而不芳；君子修道立德，不为困穷而改节。"鲁迅用兰花的高洁喻指革命者在残酷的环境里坚贞不屈。"岂惜芳馨遗远者，故乡如醉有荆榛"这两句承携兰东归的本题，不惜赠芳兰给远来的友人。反动统治下的中国遍地荆棘，浑浊如醉，兰花留在这里也将遭到椒桂

---

① 郭沫若：《O.E.索隐》，上海永祥印书馆，1946。原载《文艺春秋》第三卷第2期。

那样的摧折，所以还不如送给远来的友人，让它在异国他乡散发芳馨。鲁迅寄情于深山幽谷的"素心"佳兰，用荆棘榛木丛生的险恶环境来衬托兰花的高洁、素雅。写兰如此真情，如此精到，鲁迅爱兰之深由此可见。

1937年，小原荣次郎出版了一部介绍兰花品种、侍养的著作《兰华谱》，八开珂罗版，分上、中、下三本，京华堂出版后轰动日本。这部书中大部分资料是中国"兰王"沈渊如提供的。但迟至1984年，《兰花》一书才由中国建筑工业出版社出版，其时沈渊如已经去世，其子沈荫椿在此书前言中回忆道：

> 家父自14岁起即从事艺兰工作，孜孜不倦，五十余年如一日。名种兰花在我国原有数百种之多，后因历经多次战乱，散失甚多，及至二十世纪三十年代中，仅剩近二百多个品种了。抗战前后，又经多次战事动乱，生活颠沛，一些稀珍名种不是失传就是被惟利是图的奸商们盗卖国外。沈渊如先生一边惨淡经营，抢救名种不致外流，一边汇集艺兰同好举行兰展，引起国内有识之士重视。1933年日本侵略者入侵我国东北，造成灾民流离失所，饥寒交迫。当时，家父曾汇集无锡艺兰同好在城中公园同庚厅举行兰花义展，所得门券收入，悉数捐赠赈灾之用。其后，日人小原荣次郎亲临江浙一带搜集兰蕙稀珍品种，在金钱利诱和淫威之下，名种又相继外流。家父眼见此般情况，节衣缩食，甚至变卖家财，把一些濒临灭绝的兰蕙品种广为搜集培养，例如传统珍奇名种中的"东莱""顾氏大魁素""涵碧"等在国内已属凤毛麟

角。由此幸免外流而遭覆灭之危。抗战胜利后，政治腐败，民不聊生，诸多名兰又随之相继失散，或操奸商、富豪手中，仅顿时之兴，而后又往往置之不顾。家父又不辞艰辛，多方收集，持之以恒，成绩卓然，深受艺兰界同好爱戴，故一些年迈体衰前辈或为生活所逼无法继续艺兰的同好，不受高利之诱，宁愿转让家父培养。在多次危机中，家父力挽兰蕙名种几遭覆灭之狂澜。尔后，家园已名种齐备，况一些孤本、罕见品种亦保存不遗。[1]

沈渊如力挽兰蕙名种有功，20世纪40年代，沈家几乎集中了全国99%的珍稀"文人兰"。每年春天，到沈家赏兰的人总是络绎不绝。

小原荣次郎买兰回国，在鲁迅那里不过是简单的送友人东归，他还要赋一绝句，书以赠之。但在沈渊如这里，拒绝卖兰花给日本人已经是一场没有硝烟的斗争了。这里边确实存在一种因立场、观念、感情、价值观、世界观等决定的意味深长的对比。鲁迅"岂惜芳馨遗远者，故乡如醉有荆榛"，他显然是乐意给日本人赠送或售卖兰花的，因为故乡"有荆榛"，令他不满意，还不如让远方来客带走"芳馨"之物。但小原荣次郎还有一重时人极少能察觉到的微妙的身份，即日本买兰人。换言之，小原荣次郎是日本侵华之前来到中国搜寻珍贵兰花品种的"植物猎人"，对此，敏锐如鲁迅者，不能

---

[1] 沈渊如、沈荫椿：《兰花·前言》，中国建筑工业出版社，1984。

说完全没有察觉。是不是正是由于这一因素，鲁迅才把小原荣次郎的真名隐去，隐晦地写作"O.E.君"？这只是笔者的一种揣度，愿与大家探讨。

沈氏父子所著《兰花》初版在某旧书网已卖至数百元甚至几千元一册，爱兰人士追逐兰花名著的热情，令人咋舌。

除鲁迅给小原荣次郎题写了兰花诗外，郭沫若也于1937年7月应小原荣次郎的请求写了题兰诗："蓁菔盈室艾盈腰，谁为金漳谱寂寥？九畹既滋百亩树，羡君风格独嶕峣。"

郭沫若此作是题在小原荣次郎的《兰华谱》上的，时间是"丁丑新夏"，即1937年初夏。

郭沫若因反对蒋介石，于1928年起避居日本，处于刑士（警察）、宪兵监视之下。流亡日本期间，创造社每月提供给郭沫若的生活费，由内山完造转小原，再由小原秘密交付郭沫若。这首绝句含蓄地批判了日本军国主义和蒋介石。

鲁迅、郭沫若的题兰绝句都是由屈原诗句演化而成，且都是赠小原荣次郎的，可以视为姊妹篇。两首绝句，各有特色。鲁迅之诗写于1931年荆天棘地的上海，着重借兰花揭露、批判中国的法西斯统治，流露出对国家、故乡失望的情绪。郭沫若之诗写于1937年日本军国主义加紧发动侵略战争之时，着重揭露、批判了日本的军国主义暴行。鲁迅写得沉郁，郭沫若写得含蓄，都不失为咏兰的佳作，耐人咀嚼。

文化界普遍了解鲁迅爱兰。据新浪博客"颐兰斋"转载的《鲁迅钟情兰花》一文介绍，20世纪30年代初，叶圣陶和鲁迅在上海左翼作家联盟交往密切，常去鲁迅家串门品兰。叶圣陶回忆，当年鲁迅曾送他一盆兰花，还教他如何养护兰花，可是拿回家就是种不好。20世纪70年代，周建人主持浙江省政府工作期间，叶圣陶多次去杭州拜会周建人，谈论兰事民俗和鲁迅养兰事。70年代末期，叶圣陶在见到著名的古建筑和园林专家、绍兴人陈从周的一幅兰画时，还题诗曰："精挥简笔成佳构，叶瘦花腴崖角斜。忽忆往时坊巷里，绍兴音唤卖兰花。"80年代初期，叶圣陶在观赏了周建人身边一位绍兴籍工作人员的家养兰花后，曾好奇地问："你们绍兴人为什么如此钟爱兰花？当年鲁迅就在庭院种有不少兰草，养得多而且好。"

从绍兴人爱兰联系到鲁迅庭院中养得既多又好的兰草，可见鲁迅确是绍兴人爱兰的典型代表。

枫叶如丹照嫩寒

（1931年）

增田涉（1903—1977），日本的中国文学研究家，故乡在岛根县八束郡惠昙村，曾任日本岛根大学、关西大学等校教授。

增田涉于1931年3月来到上海，由内山完造联系结识鲁迅，直接向鲁迅请教《中国小说史略》《呐喊》《彷徨》等著作的翻译问题。从3月中旬至7月中旬，鲁迅每天下午抽出三小时左右，用日语向他讲解。他们相处很融洽，友谊渐增。鲁迅后来在《中国小说史略》日译本序言中回忆这段时光时说："大约四五年前罢，增田涉君几乎每天到寓斋来商量这一本书，有时也纵谈当时文坛的情形，很为愉快。"同年12月，增田涉离开上海回日本时，鲁迅作七言绝句《送增田涉君归国》赠别：

扶桑正是秋光好，枫叶如丹照嫩寒。
却折垂杨送归客，心随东棹忆华年。

扶桑是日本的别称，因其土多扶桑木，故以之为名。东棹：东去的船。华年，即如花之年，指鲁迅留学日本时风华正茂的时期。"枫叶如丹照嫩寒"是暖色调和冷色调、暖意和寒意的对比,"嫩寒"时节,枫叶如丹,形成一种色彩和温度上的交融、平衡。此时此刻,折一枝垂杨送远客归国,表达殷殷祝愿,自己的心也随着东去的船,追忆逝水年华。这首诗以增田涉故乡美丽的秋光,烘托出作者心随东棹的特殊感情,非常深情,也非常动人。

鲁迅对日本的风景是很怀念的。1933 年 7 月 11 日,鲁迅致山本初枝:"日本风景幽美,常常怀念。"他也对增田涉乡下的庭院充满了向往,在同一封信里,鲁迅说:"最近收到增田君的信,和他自己画的庭院,书斋,以及孩子的画。虽不漫谈,却在漫读,似乎过得还挺悠闲。从画上看去,增田君故乡的景色非常幽美。"随即也联系到自己在大陆新村的住所:"我这次的住处很好,前面有块空地,雨后蛙声大作,如在乡间,狗也在吠,现在已是午夜二时了。"

同一天,在致增田涉的信中,称他的老家是"风景明丽"之地:"尊画已比过去给我的南画好得多了。府上处在风景明丽之地,何以还那么念念于来上海?"

1933 年 10 月 7 日,在致增田涉的信中,又称惠昙村"真令人有世外桃源之感":"惠昙村离照相馆那么远吗?真令人有世外桃源之感。在上海,五步一咖啡馆,十步一照相馆,真是讨厌的地方。"

增田涉的悠闲状态显然引起了鲁迅的注意,在写给山本初枝的信中,鲁迅说:"我很佩服增田一世的悠闲。恐怕你也不知道他下次什么时候再来东京罢。乡间清静,也许舒服一些;

但刺激少，也就做不出什么事来。"（鲁迅1934年7月30日致山本初枝）

"增田一世"是鲁迅对增田涉的谑称，相应地，鲁迅把增田涉的长女增田木实（鲁迅信中作"木实君"）谑称为"增田二世"："增田二世的相片我也收到了。我回信说，他比父亲漂亮，想来这对一世有些失敬，然而是事实。"（鲁迅1934年7月30日致山本初枝）

在鲁迅的笔下，无论如丹的枫叶、"绯红的轻云"般的上野樱花，还是风景明丽的惠昙村，都是扶桑之国"水木明瑟"的景物，令人神往。这其中自然也寄托着鲁迅对逝去的青春"华年"的深情忆念。鲁迅的文字内外，仿佛飘荡着陶笛大师宗次郎先生的名曲《故乡的原风景》。宗次郎在远离尘嚣的环境中制作陶笛，并且耕田种植，他认为，陶笛就是对空气的耕种。日本文化界历来眷恋故乡风物，这种情结也深刻地影响了鲁迅。"枫叶如丹照嫩寒"式的扶桑秋光，不正是鲁迅日本求学时期"故乡的原风景"吗？

"这花，叫'万年青'"

（1934年）

　　1933 年 4 月 11 日，鲁迅在内山完造的帮助下，以内山书店职员的名义从拉摩斯公寓搬进了大陆新村 9 号。这是一处"越界筑路"的民居，具有半租界性质，鲁迅便从"租界"两字中各取一半，为自己的书斋取名"且介亭"，并用在了几本杂文集的名字上。一个中国人，在自己的国土上，却要依靠外国的租界才能获得安全，无论如何，这是一种屈辱。鲁迅用"且介亭"命名位于上海北四川路的住所，表示自己是一个住在"越界筑路"的半租界的奴隶。在这里，鲁迅一直住到 1936年 10 月 19 日逝世。

　　资料显示，大陆新村 9 号前有一小院，底层由一排玻璃屏门隔成前后二间：前间是会客室，鲁迅常在此接待来访者；后间是餐室，正中放有一张广漆八仙桌和四张圆座椅。二楼北间是贮藏室，南间是鲁迅卧室兼工作室，南窗下是书桌，书桌上置绿罩灯、烟缸、砚台、"金不换"毛笔数支、稿纸等物，鲁迅称之为"桌面书斋"。三楼北间是客房，冯雪峰、瞿秋白曾在此避难，南间是鲁迅儿子海婴的卧室。

　　大陆新村 9 号室外花木生长情况，笔者尚未查阅到有关记录，但关于室内盆栽植物和插花的记录多处可见。萧红 1938

"这花，叫'万年青'，永久这样！"

年作《鲁迅先生记》，记录了房间的一盆万年青，文字不长，照录如下：

 　　鲁迅先生家里的花瓶，好像画上所见的西洋女子用以取水的瓶子，灰蓝色，有点从瓷釉而自然堆起的纹痕，瓶口的两边，还有两个瓶耳，瓶里种的是几棵万年青。

 　　我第一次看到这花的时候，我就问过：

 　　"这叫什么名字？屋里既不生火炉，也不冻死？"

 　　第一次，走进鲁迅家里去，那是快近黄昏的时节，而且是个冬天，所以那楼下室稍微有一点暗，同时鲁迅先生的纸烟，当它离开嘴边而停在桌角的地方，那烟纹的卷痕一直升腾到他有一些白丝的发梢那么高，而且再升腾就看不见了。

 　　"这花，叫'万年青'，永久这样！"他在花瓶旁边的烟灰盒中，抖掉了纸烟上的灰烬，那红的烟火，就越红了，好像一朵小花似的和他的袖口相距离着。

 　　……

 　　而现在这"万年青"依旧活着，每次到许先生家去，看到那花，有时仍站在那黑色的长桌子上，有时站在鲁迅先生照像的前面。

　　萧红是一位擅长回忆、酷爱回忆、经常从记忆深处挖掘写作素材的作家。笔者认为，中国现当代作家中，关于鲁迅日常片段的回忆文字，萧红写得最为鲜活。萧红的这篇《鲁迅先生记》和她的另一篇《回忆鲁迅先生》被公认为纪念鲁迅文字中最隽永、最深入的，即便是长久陪伴鲁迅的许广平，也弗能及。在这篇散文中，萧红描写的是鲁迅生活中的日常事物：灰蓝色的花瓶、瓶里种的万年青、鲁迅手中燃着的红色香烟头、客主的对话以及许广平如何侍弄花草，甚至交待了鲁迅去世后，灰蓝色的花瓶摆在墓前，继续陪伴着鲁迅，直到被荒草淹没。这些生动的细节，流露出萧红的深情，使这篇文章极具魅力。

萧军、萧红是 20 世纪 30 年代重要的青年作家，历来被看作鲁迅的亲传弟子，是鲁迅家里的常客。1934 年冬，他们在青岛收到自己的文学偶像鲁迅的回信后，乘轮船来到上海，投奔鲁迅，很快就建立了家人般的亲密感情，萧军、萧红经常到鲁迅家聊天蹭饭，有时吃完饭，还要去看电影。二萧对鲁迅是很膜拜、很依恋的，他们之间的私人感情和文学师承一直是现代文学史上有意味的话题，郜元宝先生就认为"二萧"与鲁迅之间，也是"抗日文学"与"五四"新文学、区域文学（包括女性写作）与整体中国文学的血缘关系。①

萧红向鲁迅询问万年青的细节，也被移植到了许鞍华2014年执导的电影《黄金时代》里。片中有一个镜头，萧红指着鲁迅住处的一株植物，问鲁迅这是什么，鲁迅说这叫万年青。

万年青，又叫中华万年青，多年生常绿草本植物，又名蒀、千年蒀、开喉剑、九节莲、冬不凋、冬不凋草、铁扁担、乌木毒、白沙草、斩蛇剑等，是很受欢迎的优良观赏植物，在

---

① 郜元宝、王翰慧：《由"二萧"与鲁迅结缘想到的》，《文艺报》2015年12月21日。

中国有悠久的栽培历史。万年青四季常青，有永葆青春、健康长寿、友谊长存、富贵吉祥的美好寓意。陈淏子辑于公元17世纪的园艺学著作《花镜》记录："以其盛衰占休咎，造屋移居，行聘治塘，小儿初生，一切喜事无不用之。"①

除万年青外，鲁迅也时不时收到友人的赠花。这是很有情趣的事情。

1934年1月1日，鲁迅记："下午诗荃来并赠水仙花四束，留之夜饭。"

徐诗荃（1909—2000），著名的精神哲学家、翻译家和印度学专家，笔名梵澄，湖南长沙人，被誉为"现代玄奘"。他在翻译尼采著述、印度哲学古今经典，用英文著述中国古代学术精华介绍给印度和西方，以精神哲学重新阐释中国古典思想等方面，成就巨大。但在国内，从官方到民众，徐诗荃声名不著，安静得甚是寂寞。这样一位东方哲学大师拜访朋友时能想起送花，是很有情趣的。

当然，徐诗荃不是唯一给鲁迅送过花的人。鲁迅在教育部时，同僚贺迁八道湾宅，给他送过八盆桃花、梅花，云松阁送过两盆月季花。陶元庆也爱给鲁迅赠花，他自杭州来，赠梅花一束。他不仅亲自送花，还让朋友黄行武代为赠花，真是够风雅。另一个是许钦文，一次赠兰花三株，另一次赠橙花一盒。美国著名记者史沫特莱拜访鲁迅时，也给他赠花（1936年3月23日）。

---

① 陈淏子：《花镜》，中华书局，1956。

最爱给鲁迅赠花的是内山夫妇，这也许和日本文化有关，除鲁迅生病探视时多次送菊花、盆花外，有一次还赠了一盆堇花（1933 年 3 月 3 日）。堇花，三色堇的近亲，普遍生于草地或山坡，"根如荠，叶如细柳，蒸食之甘"（《说文》）。堇也用于表示美好的事物，比如"堇年"，是指美好的一年。

内山夫妇赠鲁迅堇花两天后，鲁迅访瞿秋白，大约没有合适的礼物，就将这盆堇花赠给了瞿秋白的夫人（1933 年 3 月 6日，"下午访维宁，以堇花壹盆赠其夫人"）。1935 年瞿秋白在福建长汀英勇就义后，鲁迅亲自编成瞿秋白的译文集《海上述林》，以"诸夏怀霜社"名义出版，仅印制了五百部。无论在书稿编辑上，还是装帧设计上，鲁迅均投入了极大的心力，使此书无与伦比的考究。"人生得一知己足矣，斯世当以同怀视之。"鲁迅如此用功，显然是为了纪念他与瞿秋白的友谊。

棠棣花是从中国传过去的名字

（1935年）

1935 年 1 月 17 日，鲁迅致信日本友人山本初枝，提及棠棣花，内容很有趣味：

> 我是散文式的人，任何中国诗人的诗都不喜欢。只是年轻时比较爱读唐朝李贺的诗。他的诗晦涩难懂，正因为难懂所以才钦佩他……棠棣花是从中国传过去的名字，《诗经》中就已有了。至于那是什么样的花，说法颇多。普通所称的棠棣花，即现在称之为"郁李"的，日本名字不详，总之象李一样。开花期和花形也跟李一样，花为白色，只是略小而已。果实象小樱桃，孩子们吃它，但一般不认为是水果。也有人说棠棣花就是棣棠花。

大约山本初枝在给鲁迅的信中与之讨论了中国的诗歌，也讨论了棠棣花，鲁迅才有这样一封回信。

棠棣，也写作常棣，在中国古代文化典籍里，常常用来比喻手足之情，几乎成了古代诗词的一种特定意象。

棠棣确实如鲁迅所言，在《诗经》中就已经有了。《诗经·小雅·棠棣》有"棠棣之华，鄂不韡韡（wěi），凡今之人，莫如兄弟"之语：棠棣花开朵朵艳，花儿光鲜明灿灿，天下之人，没有比兄弟更亲的了。《论语·子罕》篇中引用了一首《诗经》的逸诗："棠棣之华，偏其反而，岂不尔思，室是远而。"意思是，棠棣花开，翩翩摇摆，岂能不把你想念？怪只怪我住得远！孔子批评道："未之思也，夫何远之有？"那是你没有真的想念，如果真的想念，有什么遥远呢？周汝昌悼其亡兄周祜昌："一般乡亲却很难想见我与四兄祜昌的这种非同寻常的手足之情，棠棣之切，更不知道我们在学术上的密契。"①

鲁迅从小就读《广群芳谱》《花镜》等作品，博通动植物之名，但研究者杨月英认为，在这封信里，鲁迅对于郁李的描述并不完全准确。

杨月英撰文介绍，在植物科属上，郁李属于蔷薇科樱属，是一种灌木，和李属的李并不同属。李树是乔木，比低矮的郁李高大很多，两者外形有区别，郁李称不上是"像李一样的东西"。此外，郁李的花色除了白色，也有粉红。日本江户时代博物学者毛利梅园所作的《梅园草木花谱》中，两种花色的郁李都收录其中，并标注出棠棣即郁李的别名，非常直观地说明了这个问题。《中国植物志》里，同样也有郁李"花瓣白色或粉红色"的记载。至于"也有人说棠棣花就是山吹"，这就把两种植物弄混了。山吹是日语词汇，指的并非棠棣，而是棣棠。②

①周汝昌：《世间曾有这么一个人——悼亡兄祜昌》，《红楼柳影》，江苏文艺出版社，2007。
②参见杨月英《棠棣和棣棠》，《文汇报》2017年4月19日。

棠棣和棣棠这两种植物的名字很容易混淆，其实是完全不同的植物。清代汪灏等人奉旨编定的《广群芳谱》中，在"棣棠"条下特意辨误："郁李名常棣，与此迥别，原谱（按：指明代王象晋《群芳谱》）误合为一，今正之。"

总之，"棠棣"究竟是哪种花？古人多数指"郁李"这种蔷薇科落叶灌木，鲁迅也从是说。陆玑《毛诗草木鸟兽虫鱼疏》解释："一名雀梅，亦曰车下李，所在山皆有。其华或白或赤；六月中熟，大如李子，可食。"还有"白樱桃""小碧桃"之说，甚至有人就认为是杜梨。综合今人考证：棠棣花是白色或粉白、粉红色的，果实比李小，可食。而我们见到的棣棠花则都是黄色的。

至于棣棠花，日本人称"山吹花"，浓黄色，因其叶形似榆树叶，亦唤作"黄榆梅"。同样是黄色系的花，比起桂花的颜色从金桂、银桂到丹桂的区别，棣棠的花色有单一纯粹之美。日本传统颜色里，有一种"山吹色"，即指棣棠花瓣的颜色。画画的朋友介绍，用国画颜料里的藤黄掺上一点朱磦，就能调出棣棠花的颜色，再略微调上一点点的赭石色，就能让颜色沉稳下来，使花瓣显得明亮温暖。

中国人用棠棣比喻兄弟之情，日本人则把棣棠比作乡愁。日本歌曲《北国之春》里就唱到"棣棠"："棣棠丛丛朝雾蒙蒙 / 水车小屋静 / 传来阵阵儿歌声 / 北国之春天啊北国之春已来临 / 家兄酷似老父亲 / 一对沉默寡言人 / 可曾闲来愁沽酒 / 偶尔相对饮几杯 / 故乡啊故乡我的故乡 / 何时能回你怀中。"和樱花梦幻的粉与白相比，棣棠有着独特的浓黄，拥有明显的乡野气质，所以《北国之春》中那一抹山吹花的浓黄，令游子分外惆怅怀乡。

周作人深受日本文化影响，也曾在译作中注释棣棠。《枕草子》中有一段讲清少纳言收到定子中宫的信，打开来看——"只见纸上什么字也没有写，但有棣棠花的花瓣，只是一片包在里边。在纸上写道：'不言说，但相思。'"这是出自《古今六帖》里的一句和歌，清少纳言读信后大为感动，答以这首和歌的前半句"心是地下逝水在翻滚"，几天后又回到了定子中宫身边。周作人的译本里，为此注释："棣棠花色黄，有如栀子，栀子日本名意云'无口'，谓果实成熟亦不裂开，与'哑巴'字同音，这里用棣棠花片双关不说话，与歌语相应。"①

"棠棣之花，萼胚依依。"棠棣花的花萼和花苞是相互依靠的，恰似早期的周氏兄弟。鲁迅晚年以博物学家的口气向日本友人解释棠棣花时，心中是否掠过一丝隐痛呢？

---

① ［日］清少纳言：《枕草子》，周作人译，上海人民出版社，2015。

去年种了一株桃花

（1935年）

鲁迅居必有树，无树不欢，对花草树木是饱含感情的，不论是在北京八道湾宅种杨树，还是在西三条胡同宅种丁香，都是因为发自内心的喜欢而有意为之。在他看来，没有花草树木，少了绿的气息，生活就难免乏味许多。许广平分娩后，他送给夫人的礼物竟是一棵苍翠而小巧玲珑的松树，象征着新的家庭生活的开始。

上海大陆新村 9 号是鲁迅最后的住处，鲁迅在此居住了三年半，直到离世。

据周海婴回忆，大陆新村 9 号是新式里弄，进前门是方形的小天井，长四公尺，宽二公尺半，人一多就挤得转不开身。"这里种过牵牛花，由于只有二尺许一条土壤，名贵花卉种不活，但种过内山夫人赠的南瓜籽。"

周海婴说，内山夫人（内山美喜）经常给他家送花卉，鲁迅日记中对此也多有记载。如 1933 年 5 月 31 日赠"踯躅一盆"，12 月 31 日赠"松梅竹一盆"等。但不是所有的赠花都有记载，周海婴印象较深的是有一次送了一盆牵牛花（上海通称喇叭花）。鲁迅很少下楼，也没有工夫为那些花卉整理枝叶浇水施肥，但那盆牵牛花却格外吸引小海婴，他非常赞赏内山夫人的种花手艺。"一般的牵牛花都只有小酒盅大，又性喜攀附，只要拉一条绳索，它往往能爬一丈之高。但这盆牵牛花却只在尺许大的盆内盘桓，且花型大有小汤碗那么大，又逐日轮流开放。日本妇女大多擅长插花和盆景艺术，因此父亲曾饶有兴趣地听内山夫人介绍过摆弄牵牛花的奥秘。"①

鲁迅在大陆新村居所的天井种过南瓜，收获了两个，并将其中大的那个送给了内山完造。

周海婴详细记述了这一颇有情趣的过程。有一天，他们一家三口来到天井，从那里"令人吃惊地摘下两只沉甸甸的南瓜，一只较大，直径约在尺半以上，扁圆蜡黄满身皱折，老结得很；另一只很小，还有点青，呈长圆形"。南瓜被捧到客厅的桌子上，恰巧晚间内山完造来访，告别时，鲁迅在南瓜前面停步，用日语向内山先生介绍，说这是孩子种的瓜，今天上午刚刚摘下来的。内山先生称赞瓜长得很大。鲁迅接着就说："海婴是大方的，既然先生喜欢，就送你一只吧！""说罢，就提起一只最大的南瓜送给内山先生"。海婴一时没有准备，"但也只得装做爽快地答应了，心里却感到怅然若失"。直到第二天，内山夫人端来一碗香甜酥软的煮南瓜后，海婴的心里才舒畅不少。之后，许广平又将剩下的那个南瓜煮了绍兴风味的"面疙瘩"。吃完以后，周海婴"心里剩下的疙瘩也就飞到九霄云外去了"。②

除了种南瓜，鲁迅还在大陆新村居所院内种上了夹竹桃、

① 周海婴：《鲁迅与我七十年》，文汇出版社，2006。
② 同上。

石榴、紫荆、桃花等花木。

1936 年 4 月 15 日，鲁迅致信颜黎民，和他谈起桃花：

> 说起桃花来，我在上海也看见了。我不知道你到过上海
> 没有？北京的房屋是平铺的，院子大，上海的房屋却是直叠
> 的，连泥土也不容易看见。我的门外却有四尺见方的一块泥
> 土，去年种了一株桃花，不料今年竟也开起来，虽然少得很，
> 但总算已经看过了罢。至于看桃花的名所，是龙华，也有屠
> 场，我有好几个青年朋友就死在那里面，所以我是不去的。

这封信中说到，"上海的房屋却是直叠的，连泥土也不容
易看见"，但种了一株桃花，"不料今年竟也开起来"，包含着
顺其自然、无心插柳柳成荫的意思。此前一年，1935 年 4 月 9
日，鲁迅致信日本友人山本初枝说："上海变成讨厌的地方了，
去年不曾下雪，今年迄未转暖。龙华的桃花虽已开，但警备司
令部占据了那里，大杀风景，游人似乎也少了。"

上海有句老话，叫"三月三，上龙华，看桃花"。龙华是
上海桃花的发源地，历史悠久，清光绪年间，每到春天，整个
龙华地区遍地桃花，并且形成了三月三上龙华看桃花、逛庙会
的习俗。传说农历三月初三是弥勒化身布袋和尚的日子，龙华
寺在这一天便举行纪念法会，同时有舞龙舞狮表演、老上海街
头手艺展示等，热闹非凡。

但在桃花盛开之所，国民党设置了上海龙华淞沪警备司令
部。龙华盛开的桃花见证了反动统治者屠杀革命者包括"左联

五烈士"的罪恶。1931年2月7日，国民党淞沪警备司令部秘密杀害了柔石、胡也频、殷夫、李伟森、冯铿五位左翼革命作家，鲁迅对他们的牺牲感到无比悲愤，先后写下《中国无产阶级革命文学和前驱的血》《为了忘却的记念》《白莽作〈孩儿塔〉序》等文，赞扬他们的为人，肯定他们的文学成就，控诉国民党的反动统治。

因此，龙华是左联的一道伤疤，更是鲁迅的忌讳之所："我有好几个青年朋友就死在那里面，所以我是不去的。"

下卷

吾家门外有青桐一株

（1911年）

1934年5月6日，鲁迅致信杨霁云："现在都说我的第一篇小说是《狂人日记》，其实我的最初排了活字的东西，是一篇文言的短篇小说，登在《小说林》（？）上。那时恐怕还是在革命之前，题目和笔名，都忘记了，内容是讲私塾里的事情的，后有恽铁樵的批语……还得了几本小说，算是奖品。"

鲁迅说的这篇小说，是《怀旧》。鲁迅大事年表1911年条目下记载："冬，写成第一篇试作小说《怀旧》，阅二年始发表于《小说月报》第四卷第一号。"

这篇小说的发表是周作人一手操办的，署名"周逴"，借用的是周作人翻译外国小说时常用的一个署名。鲁迅对这篇小说并不在意，连写作时间、题目、笔名、发表刊物都记不确切，所以《小说林》后打有一个"？"。鲁迅逝世以后，周作人曾对这件事做了说明："他（鲁迅）写小说，其实并不始于《狂人日记》，辛亥年冬天在家里的时候，曾经用古文写过一篇，以东邻的富翁为模型，写革命前夜的情形，有性质不明的革命军将要进城，富翁与清客闲汉商议迎降，颇富于讽刺色彩。这篇文章未有题名，过了两三年，由我加了一个题目与署名，寄给《小说月报》；那时还是小册，系恽铁樵编辑，承其复信大加称赏，登在卷首。"①

《怀旧》开篇是从一棵青桐写起的：

> 吾家门外有青桐一株，高可三十尺，每岁实如繁星，儿童掷石落桐子，往往飞入书窗中，时或正击吾案，一石入，吾师秃先生辄走出斥之。桐叶径大盈尺，受夏日微瘁，得夜气而苏，如人舒其掌。家之阍人王叟，时汲水沃地去暑热，或掇破几椅，持烟筒，与李妪谈故事，每月落参横，仅见烟斗中一星火，而谈犹弗止。
>
> 彼辈纳晚凉时，秃先生正教予属对，题曰："红花。"予对："青桐。"则挥曰："平仄弗调。"令退。时予已九龄，不识平仄为何物，而秃先生亦不言，则姑退。

虽然是小说家言，但关于青桐的描写显然表露了鲁迅对儿时环境的怀念，写得很感人。"吾家门外有青桐一株，高可三十尺，每岁实如繁星"以及"桐叶径大盈尺，受夏日微瘁，得夜气而苏，如人舒其掌"，使人不由将其与百草园中高大的皂荚树联系在一起。

文中还说："耀宗既去，秃先生亦止书不讲，状颇愁苦，云将返其家，令子废读。予大喜，跃出桐树下，虽夏日炙吾头，亦弗恤，意桐下为我领地，独此一时矣。少顷，见秃先生

---

① 周作人：《关于鲁迅》，原刊于《宇宙风》1936年11月16日第29期，后收入《瓜豆集》，版本较多。

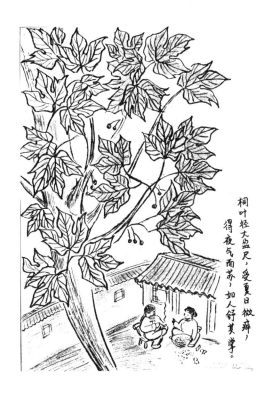

桐叶径大盈尺，受夏日微瘁，
得夜气而苏，如人舒其掌。

急去，挟衣一大缚。先生往日，惟遇令节或年暮一归，归必持《八铭塾钞》数卷；今则全帙俨然在案，但携破箧中衣履去耳。"小说中的"我"不爱上秃先生的课，性质不明的革命军将要进城时，秃先生便不讲课了，这正中"我"的下怀，"予大喜，跃出桐树下，虽夏日炙吾头，亦弗恤，意桐下为我领地，独此一时矣"。可见对于青桐的描写绝非闲笔，而是作为"我"的领地的一个独特意象，恰如他童年的乐园百草园。

据周作人日记，有关小说《怀旧》的寄稿、发稿和收稿费的经过如下：1912年12月，"六日，寄上海函，附稿"。"十二日，得上海小说月报社函，稿收，当复之。下午寄答。""廿八日，由信局得上海小说月报社洋五元。"小说还没有发表，就已经收到了5元稿费。此作最后登载于1913年4月25日出版的《小说月报》第4卷第1号上。

当年《小说月报》主编恽铁樵（1878—1935）是江苏省武进县人，以翻译西洋小说而风靡一时。后因长子病故，发愤学医，曾就学于名医汪莲石。1920年，辞去《小说月报》主编职务，正式挂牌行医，尤其擅长儿科。恽铁樵对鲁迅的这篇小说激赏不已，圈点处密密麻麻，如"一句一转""接笔不测从庄子得来""用笔之活可作金针度人""转弯处俱见笔力""写得活现真绘声绘影""不肯一笔平钝，故借雨作结，解得此法行文直游戏耳""状物入细""三字妙，若云睡去便是钝汉""余波照映前文，不可少"，等等。总评："实处可致力，空处不能致力，然初步不误，灵机人所固有，非难事也。曾见青年才解握管，便讲词章，卒致满纸饾饤，无有是处，亟宜以此等文字药之。"①

恽铁樵竟然将鲁迅的处女小说当作其他青年疗治作文病症的一味药石，这番知遇之言和良苦用心，令周作人也十分感叹："本文中又随处批注，共有十处，虽多是讲章法及用笔，有些话却也讲的很是中肯的，可见他对于文章不是不知甘苦的人。"

但周作人对于5元的稿酬却并不满意："批语虽然下得这样好，而实际的报酬却只给五块大洋，这可以考见在民国初年好文章在市场上的价格……"

民初商务印书馆各杂志的稿酬最低2元，最高5元。林琴南的翻译小说，商务印书馆付给千字5元，后来增加到6元，属于稿酬偏高者。胡适也是千字6元，梁启超待遇最优厚，为千字20元。名中医陈存仁此时正在读书，给申报副刊"常识"投稿，每篇为1元。从清末到民国，上海图书市场已逐渐形成一个通用的稿费标准，为每千字2元至4元，五六元的很少，小书坊甚至收每千字5角至1元的书稿。②对比一下可以知道，鲁迅在《小说月报》上发表第一篇小说《怀旧》，大洋5元的稿费已经不低了。

值得注意的是，小说中还有数处对树木、花草的描写，使小说的"典型环境"十分丰满，这也属于鲁迅擅长并偏爱的一种手法。

---

①转引自范伯群《从鲁迅的弃医从文谈到恽铁樵的弃文从医——恽铁樵论》，《复旦学报》(社会科学版) 2005年第1期。
②参见张敏《从稿费制度的实行看晚清上海文化市场的发育》，《史林》2001年02期。

如傍晚时分山顶、山脚树木之分别："我走及幌山，已垂暮，山颠乔木，虽略负日脚，而山趺之田禾，已受夜气，色较白日为青。"傍晚之际，日头还照在山顶的乔木上，而山脚的田禾，已受夜气，颜色比白天显得青了。"我"对树木变化的观察，确实精细入微。

再如王翁所说的孤独的一棵树木立在黑暗中，很像一个人："唉，李媪，尔知孤木立黑暗中，乃大类人耶？"这番描写，当很得夜行人的共鸣。

再如雨打芭蕉巨叶，如蟹爬沙："雨益大，打窗前芭蕉巨叶，如蟹爬沙，余就枕上听之，渐不闻。"颇有明清笔记小说的况味，读之使人忘记这是一篇旧式小说。

早在《狂人日记》之前，鲁迅的小说就写得如此从容不迫，尽脱俗气，令人肃然起敬。"吾家门外有青桐一株"与其说是想象之语，不如说是对童年故乡的深沉怀念。

场边靠河的乌桕树

（1920年）

　　1920年8月，鲁迅创作了短篇小说《风波》，经陈独秀发表于1920年9月《新青年》杂志第8卷第1号，后收入短篇小说集《呐喊》。

　　这篇小说取材于张勋复辟的历史事件。1917年7月1日，封建军阀张勋拥溥仪复辟，要求百姓留辫子。鲁迅在《病后杂谈之余》中说："然而辫子还有一场小风波，那就是张勋的'复辟'，一不小心，辫子是又可以种起来的，我曾见他的辫子兵在北京城外布防，对于没辫子的人们真是气焰万丈。幸而不几天就失败了。""我曾在《风波》里提到它。"

　　小说《风波》描写了江南某水乡发生的一场由辫子引起的风波，反映了辛亥革命的不彻底性，揭示了当时农民愚昧落后、缺乏民主和自由思想的状况，并由此说明今后的社会革命若不彻底改变民众的观念就难以成功。

　　辫子曾是清王朝统治建立和消亡的标志之一，在鲁迅眼里，又是封建传统文化和国民精神枷锁的象征。《风波》围绕"辫子"的有无展开情节，人物鲜活灵动，是鲁迅第一篇展现农民历史命运的作品，陈独秀说"鲁迅兄做的小说，我实在五体投地的佩服"（陈独秀1920年8月22日致周作人信），就是针对这篇小说而言。

值得注意的是，《风波》这篇仅有4000余字的短篇小说，先后有六处写到江南一种独特的树——乌桕树。这一意象在小说中反复出现，既是典型环境的一部分，又在推动情节的发展方面起着类似"监视器"的作用。

第一处是开首一段：

> 临河的土场上，太阳渐渐的收了他通黄的光线了。场边靠河的乌桕树叶，干巴巴的才喘过气来，几个花脚蚊子在下面哼着飞舞。面河的农家的烟突里，逐渐减少了炊烟，女人孩子们都在自己门口的土场上泼些水，放下小桌子和矮凳；人知道，这已经是晚饭的时候了。

临河的土场、乌桕树叶、花脚蚊子、小桌矮凳、大芭蕉扇、乌黑的蒸干菜和松花黄的米饭……这是一幅典型的江南农村生活场景，表现了一个封闭、传统而又宁静的环境，也暗示着辛亥革命虽然已经完成了，但农村却没有任何变化。这一环境为下文的"风波"蓄势，小说结尾"仍旧在自家门口的土场上吃饭"也与开头呼应，说明不管是革命还是风波，对农村都没有产生多大的影响。

第二处：

> 老人男人坐在矮凳上，摇着大芭蕉扇闲谈，孩子飞也似的跑，或者蹲在乌桕树下赌玩石子。

这里承接前一段继续描写场景，可见乌桕树下是孩子们的乐园，他们童年的天性在这里得以释放，然而只是昙花一现。

第三处：

> 伊的曾孙女儿六斤捏着一把豆，正从对面跑来，见这情形，便直奔河边，藏在乌桕树后，伸出双丫角的小头，大声说，"这老不死的！"

吕日辉先生认为，鲁迅在《风波》中展现了极度贫困之下农民扭曲的人性，"为我们塑造了一系列麻木的众生相，表现了一个启蒙主义思想家深广的忧愤"。众所周知，中国传统文化非常重视以血缘关系为纽带的宗法制度，这一制度对每个家庭成员应尽的责任和义务都有规定，而《风波》通过把张勋复辟这一近代史上的政治丑剧投影到遥远的江南水乡，展现了对这种伦理关系的彻底颠覆，"祖孙之间、父女之间、母女之间、婆媳之间、夫妻之间那种应该有的亲情关系在小说中荡然无存，替代这种关系的则是彼此间恶毒的诅咒和相互的詈骂"。[①]七斤骂赵七爷是"贱胎"，七斤嫂骂七斤是"活死尸的囚徒"，七斤嫂骂女儿六斤是"偷汉的小寡妇"，九斤老太挂在嘴上的话是"一代不如一代"，而她的曾孙女儿六斤藏在乌桕树后，也敢大声骂她"这老不死的"，就是对这种伦理关系的颠覆。

---

①吕日辉：《在贫困中扭曲的人性——对鲁迅小说〈风波〉的再认识》，《语文天地》(高中版)2015年第3期。

第四处：

> 七斤嫂吃完三碗饭，偶然抬起头，心坎里便禁不住突突
> 地发跳。伊透过乌桕叶，看见又矮又胖的赵七爷正从独木桥
> 上走来，而且穿着宝蓝色竹布的长衫。

赵七爷是邻村茂源酒店的主人，又是方圆三十里以内的唯
一的出色人物兼学问家，他的竹布长衫轻易是不常穿的，三年
以来，只穿过两次："一次是和他怄气的麻子阿四病了的时候，
一次是曾经砸烂他酒店的鲁大爷死了的时候；现在是第三次
了，这一定又是于他有庆，于他的仇家有殃了。"而七斤嫂也
记得，两年前七斤喝醉了酒，曾经骂过赵七爷是"贱胎"，所
以当她透过乌桕叶看见又矮又胖的赵七爷穿着宝蓝色竹布的长
衫正从独木桥上走来时，"便立刻直觉到七斤的危险，心坎里
突突地发起跳来"。

第五处：

> 赵七爷也不细心察访，通过人丛，忽然转入乌桕树后，
> 说道："你能抵挡他么！"跨上独木桥，扬长去了。

赵七爷一出场便真理在握，他说的"你能抵挡他么"指的
是复辟的张勋，说他一支丈八蛇矛，就有万夫不当之勇，无人
能抵挡他。"他两手同时捏起空拳，仿佛握着无形的蛇矛模样，

向八一嫂抢进几步道：'你能抵挡他么！'"讲完这句，就通过人丛，转入乌柏树后，跨上独木桥，扬长去了。

第六处：

> 嗡嗡的一阵乱嚷，蚊子都撞过赤膊身子，闯到乌柏树下去做市；他们也就慢慢地走散回家，关上门去睡觉。七斤嫂咕哝着，也收了家伙和桌子矮凳回家，关上门睡觉了。

这是赵七爷离开之后，村人们呆呆站着，心里计算，都觉得自己确乎抵不住张翼德，同时对七斤的犯法（指剪了辫子），也觉得有些畅快。他们也仿佛想发些议论，却又觉得没有什么议论可发，只好散了。此时，乌柏树成了蚊子的天下，人离开之后，它们开始嗡嗡乱嚷。而此后的情况证明，即使七斤剪了辫子，也没有发生什么了不得的大事，一场风波而已。

乌柏树六次出现，像拍电影时的一个取景器，或者监视器，或者参照物，见证了七斤一家的风波。这一风波其实是人为了动物性的生存而破坏了伦理意识的产物，因此小说透出了彻骨的孤独，鲁迅思想之忧愤深广于此可见。

乌柏，落叶乔木，以乌喜食而得名，俗名木梓树。宋代陆游诗："乌柏赤于枫，园林二月中。"林和靖诗："巾子峰头乌柏树，微霜未落已先红。"叶互生，叶片菱形，暮秋时节乌柏叶红得惊心夺目，不下丹枫。

作为水乡绍兴的特色树种，乌柏树因其辨识度颇高而为公众所熟悉。《群芳谱》言："江浙之人，凡高山大道溪边宅畔无不种。"粉墙黛瓦，门前乌桕树，桥下乌篷船，是绍式独特的风景。乌桕树曾与乌篷船、乌毡帽并称为"绍兴三乌"，后来逐渐被乌干菜所代替。

周氏兄弟都喜爱乌桕。周作人1930年12月写过一篇小品文《两株树》，称树木里边他所喜欢的第一种是白杨，第二种便是乌桕。

周作人博览群书，肚里有墨水，在这篇文章中不吝大掉书袋，引用了很多典籍中关于乌桕的记载。他还颇有学术精神地引用了王端履在《重论文斋笔录》中对《枫桥夜泊》一诗的考证，认为张继所云"江枫渔火对愁眠"，说的其实是乌桕的红叶。理由是"江南临水多植乌桕，秋叶饱霜，鲜红可爱，诗人类指为枫，不知枫生山中，性最恶湿，不能种之江畔也，此诗江枫二字亦未免误认耳"。

周作人一生主张散淡闲适，很能发现桕树之美：

柏树的特色第一在叶，第二在实……罗逸长《青山记云》："山之麓朱村，盖考亭之祖居也，自此倚石啸歌，松风上下，遥望木叶着霜如渥丹，始见怪以为红花，久之知为乌桕树也。"《蓬窗续录》云："陆子渊《豫章录》言，饶信间桕树冬初叶落，结予放蜡，每颗作十字裂，一丛有数颗，望之若梅花初绽，枝柯诘曲，多在野水乱石间，远近成林，真可作画。此与柿树俱称美荫，园圃植之最宜。"这两节很能写出柏树之美，它的特色仿佛可以说是中国画的，不过此种景色自从我离了水乡的故国已经有三十年不曾看见了。

木叶着霜如猩丹，果实望之若梅花初绽，真的可以入画，但离开水乡故国三十年不曾看见，怀念之情是很深沉的。

和周作人有所区别的是，鲁迅把对乌桕树的感情都放在小说中来写，显得隐晦很多。1925 年，鲁迅创作了一首散文诗《好的故事》，其中有一段即这样写：

> 我仿佛记得曾坐小船经过山阴道，两岸边的乌桕，新禾，野花，鸡，狗，丛树和枯树，茅屋，塔，伽蓝，农夫和村妇，村女，晒着的衣裳，和尚，蓑笠，天，云，竹……都倒影在澄碧的小河中，随着每一打桨，各各夹带了闪烁的日光，并水里的萍藻游鱼，一同荡漾。

通过描绘梦境中"好的故事"，鲁迅在希望与失望的矛盾中，启示人们毁掉"昏沉的夜"，追求充满"好的故事"的生活。

另外，鲁迅在短篇小说《社戏》中，也蜻蜓点水般写到了乌桕树，写的是迅哥儿和他的小伙伴偷了阿发家和六一公公家的豆角，在后舱生火吃完后，豆荚豆壳全抛在河水里，什么痕迹也没有了。"双喜所虑的是用了八公公船上的盐和柴，这老头子很细心，一定要知道，会骂的。然而大家议论之后，归结是不怕。他如果骂，我们便要他归还去年在岸边拾去的一枝枯

柏树，而且当面叫他'八癞子'。"童真的心理令人莞尔，映衬
出自然环境的美、生活情趣的美、人际关系的美。

　　周氏兄弟之于乌柏树，深情如此。

最喜欢爬上桑树去偷桑葚吃

（1925年）

1925 年 5 月 1 日，鲁迅作短篇小说《高老夫子》，后收入《彷徨》。

小说主人公"高老夫子"原名高干亭，被牌友们戏称为"老杆"，因为发表了一篇关于整理国史的所谓"脍炙人口"的名文，便自以为学贯中西了，"又因仰慕俄国文豪高尔基之名，而更名为'高尔础'"，贴上进步、新兴的标签，实则复古守旧，是一个只会打牌、听书、跟女人的混混。高老夫子为了去贤良女校看女学生，便应聘去教书，却由于胸无点墨而当众出丑，于是辞去职务，大骂新式教育，辞职之后还是去了最适合他的地方——到黄三家打牌去了。

小说刻画高老夫子虚伪、污秽的灵魂时，使用了一个关键的道具：桑树。

高老夫子对于世事很有些不平之意，一生有两次因桑树而碰壁。

第一次是抱怨小时候父母实在太不将儿女放在心里。

他还在孩子的时候，最喜欢爬上桑树去偷桑椹吃，但他们全不管，有一回竟跌下树来磕破了头，又不给好好地医治，至今左边的眉棱上还带着一个永不消灭的尖劈形的瘢痕。他虽然格外留长头发，左右分开，又斜梳下来，可以勉强遮住了，但究竟还看见尖劈的尖，也算得一个缺点，万一给女学生发见，大概是免不了要看不起的。他放下镜子，怨愤地吁一口气。

由于爬上桑树去偷桑葚，高老夫子跌下树来磕破了头，左边眉棱上留下了一个尖劈形的瘢痕，只好留长头发勉强遮住，但还是担心被女学生发现而看不起他，他只有一边看镜子一边怨愤地吁气，把在桑树上吃的亏记到了父母的头上。

第二次，是高老夫子沽名钓誉去女校讲课失败之后。他紧张、慌乱、心虚，听到上一节课的退班铃，竟然跳了起来。等到站在讲台上，连学生都不敢看，自己讲的什么都不知道，总疑心有许多人暗暗地发笑，但还是熬着讲，明明已经讲了大半天，铃声还没有响，而自己准备的东西已经全部晒出去了。

他便惘惘然，跨进植物园，向着对面的教员豫备室大踏步走。

他大吃一惊，至于连《中国历史教科书》也失手落在地上了，因为脑壳上突然遭了什么东西的一击。他倒退两步，定睛看时，一枝夭斜的树枝横在他面前，已被他的头撞得树叶都微微发抖。他赶紧弯腰去拾书本，书旁边竖着一块木牌，上面写道：桑，桑科。

他似乎听到背后有许多人笑，又仿佛看见这笑声就从那深邃的鼻孔的海里出来。于是也就不好意思去抚摩头上已经疼痛起来的皮肤，只一心跑进教员豫备室里去。

这次讲课，高老夫子不仅铩羽而归，而且被桑树的夭斜的树枝撞了一下，只得狼狈而逃，都不好意思去抚摩头上已经疼痛起来的皮肤。鲁迅在这里煞有其事地对桑树的木牌子做了一番描述，以此衬托一个学术浅薄的人如何原形毕露。

这一次，他把账记到了新式教育以及"学堂要闹坏风气"的头上，认为："不如停闭的好，尤其是女学堂，——有什么意思呢，喜欢虚荣罢了！"

在给牌友们解释的时候，他说："我没有再教下去的意思。女学堂真不知道要闹成什么样子。我辈正经人，确乎犯不上酱在一起……"

《高老夫子》是一篇展示世态荒唐的小说。文中花白胡子的教务长、大名鼎鼎的万瑶圃对高老夫子极力赞扬，却对其不了解分毫，就连给学生们做介绍时都要照着信笺上的内容读，吹捧而至于肉麻：

> 这位就是高老师，高尔础高老师，是有名的学者，那一篇有名的《论中华国民皆有整理国史之义务》，是谁都知道的。《大中日报》上还说过，高老师是：骤慕俄国文豪高君尔基之为人，因改字尔础，以示景仰之意，斯人之出，诚吾中华文坛之幸也！现在经何校长再三敦请，竟惠然肯来，到这里来教历史了……

作为别号"玉皇香案吏"的教务长，对聘请人员的真才实学毫不考察，如此信口雌黄，怪不得"有名的学者"高老夫子者流竟然有机会站到讲台上。

鲁迅两番写出高老夫子和桑树的遭遇是意味深长的，绝非闲笔，而是设计高超的两道玄机，更深刻地写出了高老夫子的虚伪和不堪，窘态与局促。童年的高老夫子本与许多天真的小朋友一样与桑树关系亲密，但成年后被桑树重重一击，却起不到"当头棒喝"的作用，因为他早已丢失了童心，认不出自己纯真时代的伙伴了。这两处看似无关紧要的关于桑树的细节，令人联系到鲁迅早年的论文《破恶声论》里那些胸中"本无有物，徒附丽是宗"的所谓"志士英雄"，鲁迅说与其听他们道貌岸然地吹嘘如何"善国善天下"，"则吾愿先闻其白心"。涂昕先生认为，"白心"可以理解成一个动宾结构，即袒露自我的"内曜"和"心声"，也就是后文所谓"朴素之民，厥心纯白"的那个"纯白之心"，这是很有道理的。[①]

值得一提的是，鲁迅还通过高老夫子那双污浊的眼睛看到了女学生的纯净：

> 他不禁向讲台下一看，情形和原先已经很不同：半屋子都是眼睛，还有许多小巧的等边三角形，三角形中都生着两个鼻孔，这些连成一气，宛然是流动而深邃的海，闪烁地汪洋地正冲着他的眼光。但当他瞥见时，却又骤然一闪，变了

---

①涂昕：《鲁迅"博物学"爱好与对"白心"的呵护》，《杭州师范大学学报》(社会科学版) 2017 年第 4 期。

半屋子蓬蓬松松的头发了。

不得不说，正是这片"流动而深邃的海"，仿佛一面照妖镜，使高老夫子原形毕露。而高老夫子能在这片海面前显出原形，却也是这篇小说的一个亮点——高老夫子还有羞耻心，不至于污秽到不自知的地步。这也正是鲁迅小说的深邃和广袤之处。

隐藏着夜气的杉树林

（1926年）

鲁迅给他的小说都设计了气质相配的树木，如《药》中的杨柳，《风波》中的乌桕树，《高老夫子》中的桑树，再如《铸剑》中的杉树林。

《铸剑》是鲁迅历史小说的代表，根据干宝《搜神记》中的《三王墓》改写而成，原载于1927年4月《莽原》半月刊，题作"眉间尺"，副题是"新编的故事之一"，1936年1月收入文化生活出版社出版的《故事新编》。

《铸剑》的故事发生在周宣王时代的楚国。天下第一铸剑名师干将及其妻子莫邪以王妃所孕之铁为楚王铸剑，三年功成，将雌剑献给楚王。楚王怕干将为他人所用，剑成之日斩杀干将。16年后，莫邪含辛茹苦养大的儿子眉间尺决心用雄剑为父报仇，但苦于无从下手，侠士黑衣人（宴之敖者）说他可以杀楚王，但要借用眉间尺的宝剑和头颅。眉间尺信任他，把宝剑和自己的头颅交给了黑衣人。黑衣人以献眉间尺之头为由觐见楚王，并设计在煮头的鼎边用雄剑砍下了楚王的头，接着自刎，三颗头在鼎中相搏成为白骨，难以分辨，楚国人只得将三个头骨都和王的身体放在金棺里落葬。

隐藏着夜气的杉树林

《铸剑》讲的是复仇的故事，写于1926年。其时的中国正处于内忧外患之中，先是辛亥革命果实被篡夺，袁世凯称帝，张勋复辟，而后是"五卅惨案""三·一八"惨案，北洋军阀血腥屠杀手无寸铁的青年学生，鲁迅的学生刘和珍等倒在血泊中……这些"血的游戏"使鲁迅窒闷，于是鲁迅构思了小说《铸剑》，后来离北平南下，在厦门和广州时写成。

《铸剑》的主题是丰富和复杂的，鲁迅对"复仇"问题的思考贯穿全篇。复仇是主题，但"三头相搏"之后，还出现了"辨头"的闹剧，"三头并葬"的滑稽戏，到最后的"大出丧"又变成了全民"瞻仰"的"狂欢节"——"七天之后是落葬的日期，合城很热闹。城里的人民，远处的人民，都奔来瞻仰国王的'大出丧'"，充满了深刻的调侃意味。鲁迅歌颂"抽刃而起，以血偿血"的复仇，同时又质疑复仇。两个大逆不道的逆贼的魂灵和王一同享受祭礼，既有鲁迅对专制暴君的鞭笞和嘲弄，又包含对宴之敖者乃至自己的清醒的自嘲。

鲁迅在《铸剑》中，设计了一个杉树林的关键场景，且这场景在小说中出现三次。

第一次：

> 当眉间尺肿着眼眶，头也不回的跨出门外，穿着青衣，背着青剑，迈开大步，径奔城中的时候，东方还没有露出阳光。杉树林的每一片叶尖，都挂着露珠，其中隐藏着夜气。但是，待到走到树林的那一头，露珠里却闪出各样的

光辉，渐渐幻成晓色了。远望前面，便依稀看见灰黑色的城墙和雉堞。

这"隐藏着夜气"的杉树林是眉间尺复仇出发的地方。杉树，亚热带树种，喜温暖湿润、多雾静风的气候环境，在中国长江流域、秦岭以南地区广为栽培，和《铸剑》故事发生地楚国的地理环境相符。

第二次：当眉间尺不知道该如何复仇的时候，到了晚上，人迹绝了许久之后，忽然从城里闪出那一个黑色的人来。

"走罢，眉间尺！国王在捉你了！"他说，声音好像鸱鸮。

眉间尺浑身一颤，中了魔似的，立即跟着他走；后来是飞奔。他站定了喘息许多时，才明白自己经到了杉树林边。后面远处有银白的条纹，是月亮已从那边出现；前面却仅有两点磷火一般的那黑色人的眼光。

在这里，杉树林是眉间尺与黑衣人密谋复仇大业的地方，所以也是见证义气的地方。

鲁迅花大笔墨描写眉间尺的优柔寡断，即使在桑树下用馒头充饥的细节也绝非闲笔："他走出城外，坐在一株大桑树下，取出两个馒头来充了饥；吃着的时候忽然记起母亲来，不觉眼鼻一酸，然而此后倒也没有什么。周围是一步一步地静下去了，他至于很分明地听到自己的呼吸。"复仇对眉间尺而言是一件不可能完成的任务，于是顺理成章引出了黑衣人宴之敖者。黑衣人把复仇引入另一境地——"你的就是我的，他也就是我"，实质上是遁入虚无的表现，这使得鲁迅的小说具有深刻的先锋性价值。

第三次：眉间尺自刎后，头颅坠在地面的青苔上，同时将剑交给黑色人。黑衣人"一手接剑，一手捏着头发，提起眉间尺的头来，对着那热的死掉的嘴唇，接吻两次，并且冷冷地尖利地笑"。

> 笑声即刻散布在杉树林中，深处随着有一群磷火似的眼光闪动，倏忽临近，听到咻咻的饿狼的喘息。第一口撕尽了眉间尺的青衣，第二口便身体全都不见了，血痕也顷刻舔尽，只微微听得咀嚼骨头的声音。

杉树林见证了奇特的复仇方式，或者说见证了复仇之前的奇特埋伏。黑衣人说："仗义、同情，那些东西，先前曾经干净过，现在却都成了放鬼债的资本。我的心里全没有你们所谓的那些，我只不过要给你报仇。"这是超目的性的现实主义，具有非凡的自我否定精神和殉道意识。

有论者指出，鲁迅的这篇小说存在两个调子：悲壮的与嘲讽的，崇高的与荒谬的。这两种调子在小说中的相互纠缠、渗透、对峙、消解、起伏、激荡，表现了作者深广的忧愤和内心的矛盾与痛苦。①

鲁迅在楚国大地上找到了杉树林这样一种隐藏着夜气的场合，来寄托自己的思考。他所营造的虚无与孤独的荒原感是人类从古至今共有的孤独。

---

① 王海燕：《鲁迅〈铸剑〉的精神分析》，《湖北民族学院学报》（哲学社会科学版）2015年第6期。

广玉兰是鲁迅墓的一部分

（1956年）

民国二十五年（1936年）10月19日，鲁迅逝世。22日，鲁迅丧仪在万国公墓礼堂举行，后遗体葬于公墓东侧F区，面积50多平方米，规模亦简。

中华人民共和国成立后，政府即筹建新的鲁迅墓。1952年春，华东文化部等有关部门经过酝酿，选择邻近鲁迅故居、鲁迅生前到过的虹口公园建新墓。1956年1月，国务院决定在鲁迅逝世20周年之际迁墓，上海成立由市长陈毅任主任委员的鲁迅先生坟墓迁建委员会，由设计专家陈植主持设计新墓。1956年10月，鲁迅墓迁至上海市四川北路2288号原虹口公园内，管理者在靠近墓栏的地方种下两棵高大挺拔的广玉兰，在前方靠近鲁迅墓碑约两米处，周海婴和许广平分别在东西两侧栽下一棵桧柏，另外还陆续种植了龙柏、樱花和蜡梅等。这样，鲁迅墓就被鲁迅生前喜爱的花木环抱，显得宏伟而苍翠。

鲁迅墓前的广玉兰日见其大，以至于到了2005年，鲁迅之子周海婴认为，墓地前的两棵广玉兰"实在太大了"，"枝桠丛生，把墓碑全遮住，什么也看不见，鲁迅墓地的气氛全被这两棵大树破坏了"。同时，墓碑旁边两棵由周海婴和他的母亲许广平分别栽种的桧柏因为受到广玉兰的遮挡而生长状况不佳。另外，他还担心由于广玉兰生长茂盛，地下的根纠结会对墓地本身造成影响。这一消息最早由作家赵丽宏所作《鲁迅墓前的树》披露，文章发表在 2005 年 4 月 5 日《新民晚报》"夜光杯"副刊，由此引发了两棵广玉兰该不该移的争论。

是否将广玉兰从鲁迅墓地移植出去？一部分人赞成周海婴的意见，持反对意见的人则认为，广玉兰四季长青，盛夏开花还有清香，给人肃穆又亲切的感觉。植物也是有感情的，很多世界级艺术家的墓地都掩映在绿树当中。这两棵广玉兰已经是鲁迅墓地自然环境的一部分，与鲁迅墓构成了有机整体。

作家陈村也明确表示，最朴素的方式最能体现美，树是有生命的自然的东西，会给墓地一种"松"的气氛。鲁迅在《秋夜》里写到"曾经在我的后园，可以看见墙外有两株树，一株是枣树，还有一株也是枣树"。现在则是，"在他的墓前，可以看见两株树，一株是广玉兰，还有一株也是广玉兰"。所以，"还是让那树留着吧"。

上海鲁迅纪念馆十分尊重鲁迅家人的意愿，但也认同这两棵广玉兰是墓地有机组成部分的主张。鲁迅墓前广玉兰是否应该搬迁，应组织园林、文物管理、景观布局等方面的专家进行周密的论证。①

广玉兰，别名洋玉兰、荷花玉兰，为木兰科、木兰属植物，姿态雄伟壮丽，叶阔荫浓，立夏开花，清香馥郁，对二氧化硫等有毒气体有较强抗性，可用于净化空气，保护环境，最

---

① 素材来源于《新民晚报》记者夏琦的采访，见《新民晚报》2005 年 4 月 8 日。

宜单植在宽广开旷的草坪上或配植成观赏的树丛。

2017 年 8 月，笔者专程前往上海虹口区四川北路一带寻找鲁迅的踪迹，瞻仰鲁迅墓。热闹非凡的鲁迅公园中，一片油菜花开得正旺，而老家所在的关山一带昨夜刚刚降下一场罕见的大雪，陕甘两省摄影家正在那里寻找冰雪覆盖的"大秦帝国"。南北物候殊异如此，慨叹久之。公园梧桐树下，民国时期设置的英式风格饮水器造型精美，显示出对生活品质一丝不苟的追求。两株高大的广玉兰仍在原地，是上海市一级保护名木，烘托得鲁迅墓地朴素庄严，毛泽东亲书"鲁迅先生之墓"镌刻在墓室后方的砖墙上，使其具有某种国家尊奉的意义。鲁迅身后与两棵广玉兰作伴，也是大先生一生与植物结下殊胜因缘的象征。

鲁迅作品中的其他草木描写

一

1901 年 3 月，鲁迅作七言律诗《惜花四律》，原有副题"步湘州藏春园主人元韵"。湘州指湖南长沙及其附近地区。藏春园主人名林步青，晚清人，曾在《海上文社日报》上发表《惜花四律》，鲁迅就依着他写的韵脚和了四首。

全诗内容如下：

其 一

鸟啼铃语梦常萦，闲立花阴盼嫩晴。
怵目飞红随蝶舞，关心茸碧绕阶生。
天于绝代偏多妒，时至将离倍有情。
最是令人愁不解，四檐疏雨送秋声。

其 二

剧怜常逐柳绵飘，金屋何时贮阿娇？
微雨欲来勤插棘，熏风有意不鸣条。
莫教夕照催长笛，且踏春阳过板桥。
只恐新秋归塞雁，兰艭载酒桨轻摇。

其 三

细雨轻寒二月时，不缘红豆始相思。

堕裀印屦增惆怅，插竹编篱好护持。

慰我素心香袭袖，撩人蓝尾酒盈卮。

奈何无赖春风至，深院荼蘼已满枝。

其 四

繁英绕甸竞呈妍，叶底闲看蛱蝶眠。

室外独留滋卉地，年来幸得养花天。

文禽共惜春将去，秀野欣逢红欲然。

戏仿唐宫护佳种，金铃轻绾赤阑边。

此诗中有多种花的名字或指代词，比如：

飞红：飘落的花瓣。

茸碧：像茸毛一样细软的初生的嫩草。

绝代：绝代佳人，这里比花。

将离：芍药的别名，芍药又叫"姜尾春"，因芍药花开，春天就快过去了。

柳绵：柳絮。

插棘：用棘树做篱笆。棘是野生的酸枣树。

红豆：长于岭南的一种树木，结的子叫"相思子"，唐代王维诗云："红豆生南国，春来发几枝？愿君多采撷，此物最相思。"

素心：兰花的一种，白花，白蕊心无杂色，故名素心。

荼蘼：荼，一种落叶灌木，初夏开花。一春的花都开过了，荼蘼才开花，所以有"开到荼蘼花事了"的说法。

繁英：就是开得很繁密的花。

《惜花四律》紧紧围绕一个"惜"字，将爱花、护花、惜花的心情写得细致入微。鲁迅在梦中，也牵挂着花的命运。对那绕阶而生的嫩草，更是时时关心。插竹杖编篱笆，保护花儿。繁花环绕田原，争妍斗丽，鲁迅静立花下看蝴蝶小眠，为又是一春养花好天气而欢喜。

二

1907年，鲁迅作《摩罗诗力说》，他十分推崇裴多菲的诗，并在此文中对裴多菲多有高度评价。鲁迅认为，裴多菲"性恶压制而爱自由"，将自由喻为天神，其年幼时"纵言自由，诞放激烈……曾自言曰，吾心如反响之森林，受一呼声，应以百响者也。又善体物色，著之诗歌，妙绝人世，自称为无边自然之野花"。裴多菲那些争取民族独立、解放和自由的诗篇给人们指出了一条光明的出路，其诗发出的吼声确实起到了号角的作用，无论在当时还是后来都引起了强烈的反响，达到了"心如反响之森林"的效果。裴多菲诗歌的反抗性和战斗性与鲁迅新诗的精神内涵是完全一致的。

三

鲁迅在《随感录·四十九》中描述了他心目中生物界"正当开阔"的路，所持进化论观点比较鲜明：

> 我想种族的延长，——便是生命的连续，——的确是生物界事业里的一大部分……老的让开道，催促着，奖励着，让他们走去。路上有深渊，便用那个死填平了，让他们走去。少的感谢他们填了深渊，给自己走去；老的也感谢他们从我填平的深渊上走去……这是生物界正当开阔的路！人类的祖先，都已这样做了。

四

1919 年 4 月 25 日，鲁迅作短篇小说《药》，通过茶馆主人华老栓夫妇为儿子小栓买人血馒头治病的故事，揭露了群众的愚昧麻木，也展现了革命者的悲哀。

《药》有一明一暗两条线索，明线是华老栓一家，暗线是夏瑜一家。明线是一个秋天的后半夜，华老栓到刑场买"药"，小栓在茶馆吃"药"，第二年清明，华大妈为小栓上坟。暗线是夏瑜在刑场就义，夏瑜的血在茶馆被吃，夏四奶奶上坟。两条线从并行到融合，突出因群众的冷漠而带来的革命者的悲哀，整个作品弥漫着一种凄清色调。

但在第四节的坟场中，杨柳、红白的花这两个植物意象，让情况出现了微妙的变化："这一年的清明，分外寒冷；杨柳才吐出半粒米大的新芽。天明未久，华大妈已在右边的一座新坟前面，排出四碟菜，一碗饭，哭了一场。"在分外严酷的环境下，虽然"杨柳才吐出半粒米大的新芽"，但大地回暖的迹象已经显现。

接着，鲁迅写夏瑜的母亲和华大妈发现夏瑜的坟上"分明有一圈红白的花，围着那尖圆的坟顶"。"他们的眼睛都已老花多年了，但望这红白的花，却还能明白看见。花也不很多，圆圆的排成一个圈，不很精神，倒也整齐。华大妈忙看他儿子和别人的坟，却只有不怕冷的几点青白小花，零星开着……"而一只乌鸦，"站在一株没有叶的树上"；"微风早经停息了；枯草支支直立，有如铜丝"；"那乌鸦也在笔直的树枝间，缩着头，铁铸一般站着"。这几个段落的描写显出一种非同寻常的意味来，没有叶的树、枯草等旧的环境秩序和革命者坟上一圈红白的花等新的环境秩序剑拔弩张，互相对峙。由于革命者的坟上出现了花环，作品因此突然有了热度和亮色。

1922年12月3日，鲁迅在《呐喊·自序》中坦露心迹，说他的呐喊是"聊以慰藉那在寂寞里奔驰的猛士，使他不惮于前驱"。"但既然是呐喊，则当然须听将令的了，所以我往往不恤委婉了一点，在《药》的瑜儿的坟上平空添上一个花环，在《明天》里也不叙单四嫂子竟没有做到看见儿子的梦，因为那时的主将是不主张消极的。"鲁迅的"不恤委婉"即指他在小说中使用的"曲笔"，也就是不拘泥于事物真实情况的写法，暗示着革命者流血牺牲，后继有人，给人以信心和希望。

五

鲁迅在与学衡派论争的过程中，作《估〈学衡〉》一文，发表于 1922 年 2 月 9 日《晨报副刊》。他凭借自己谙熟中国传统文化的优势，采用"以子之矛，攻子之盾"的战法，从该刊中随手拾来若干未通的字句，就"衡"出了他们的铢两，戳穿了旧文学卫道者"文且未亨，理将安托"的窘态。

鲁迅说："夫所谓《学衡》者，据我看来，实不过聚在'聚宝之门'左近的几个假古董所放的假毫光；虽然自称为'衡'，而本身的称星尚且未曾钉好，更何论于他所衡的轻重的是非。所以，决用不着较准，只要估一估就明白了。"文中列举了六篇文章的弊病，其中包括《浙江采集植物游记》。鲁迅嘲讽其"连题目都不通了。采集有所务，并非漫游，所以古人作记，务与游不并举，地与游才相连。匡庐峨眉，山也，则曰纪游，采硫访碑，务也，则曰日记。虽说采集时候，也兼游览，但这应该包举在主要的事务里，一列举便不'古'了。例如这记中也说起吃饭睡觉的事，而题目不可作《浙江采集植物游食眠记》"。

鲁迅自己就有采集植物标本的经历，要"衡"出学衡派的铢两，确实是手到擒来。

六

　　1922 年，鲁迅作短篇小说《社戏》，以少年时代的生活经历为依据，用第一人称写"我"二十年来三次看戏的经历，其中着墨最多的是小时候在外祖母家看戏的经历，外祖母和母亲同意"我"出门看社戏后，玩伴们"架起两支橹，一支两人，一里一换，有说笑的，有嚷的，夹着潺潺的船头激水的声音，在左右都是碧绿的豆麦田地的河流中，飞一般径向赵庄前进了"。

　　两岸的豆麦和河底的水草所发散出来的清香，夹杂在水气中扑面的吹来；月色便朦胧在这水气里。淡黑的起伏的连山，仿佛是踊跃的铁的兽脊似的，都远远地向船尾跑去了，但我却还以为船慢。他们换了四回手，渐望见依稀的赵庄，而且似乎听到歌吹了，还有几点火，料想便是戏台，但或者也许是渔火。

　　那声音大概是横笛，宛转，悠扬，使我的心也沉静，然而又自失起来，觉得要和他弥散在含着豆麦蕴藻之香的夜气里。

后来又写到松柏林：

　　那火接近了，果然是渔火；我才记得先前望见的也不是赵庄。那是正对船头的一丛松柏林，我去年也曾经去游玩过，还看见破的石马倒在地下，一个石羊蹲在草里呢。过了那林，船便弯进了叉港，于是赵庄便真在眼前了。

返回的时候：

> 全船里几个人不住的吁气，其余的也打起哈欠来。双喜终于熬不住了，说道，怕他会唱到天明还不完，还是我们走的好罢。大家立刻都赞成，和开船时候一样踊跃，三四人径奔船尾，拔了篙，点退几丈，回转船头，驾起橹，骂着老旦，又向那松柏林前进了。

> 月还没有落，仿佛看戏也并不很久似的，而一离赵庄，月光又显得格外的皎洁……不多久，松柏林早在船后了，船行也并不慢，但周围的黑暗只是浓，可知已经到了深夜。他们一面议论着戏子，或骂，或笑，一面加紧的摇船。这一次船头的激水声更其响亮了，那航船，就像一条大白鱼背着一群孩子在浪花里蹿，连夜渔的几个老渔父，也停了艇子看着喝采起来。

小说刻画了一群农家少年朋友的形象，表现了劳动人民淳朴、善良、友爱、无私的品德，表达了作者对少年时代生活的怀念，其中的豆麦、水草、松柏林营造了典型的江南水乡意象，读之使人心生向往。

七

1924 年 1 月 17 日，鲁迅在北京师范大学附属中学校友会做了一次关于文艺创作问题的演讲，其演讲的中心，是针对当时文坛上一些空喊缺乏天才，实际做法却在时时扼杀天才、戕害天才的怪现象，提出自己的看法。

他说："在要求天才的产生之前，应该先要求可以使天才生长的民众。……譬如想有乔木，想看好花，一定要有好土；没有土，便没有花木了；所以土实在较花木还重要。花木非有土不可，正同拿破仑非有好兵不可一样。"

"不但产生天才难，单是有培养天才的泥土也难。我想，天才大半是天赋的；独有这培养天才的泥土，似乎大家都可以做。做土的功效，比要求天才还切近；否则，纵有成千成百的天才，也因为没有泥土，不能发达，要像一碟子绿豆芽。"

鲁迅在演讲中谈了天才生长的条件，中心论点是天才是由可以使天才生长的民众产生、抚育出来的，呼吁民众成为培养天才的泥土。

八

1925 年 1 月 17 日，鲁迅作《忽然想到》，用"折花"比喻"余裕心"对于民族的将来之重要：

外国的平易地讲述学术文艺的书，往往夹杂些闲话或笑谈，使文章增添活气，读者感到格外的兴趣，不易于疲倦。但中国的有些译本，却将这些删去，单留下艰难的讲学语，使他复近于教科书。这正如折花者；除尽枝叶，单留花朵，折花固然是折花，然而花枝的活气却灭尽了。人们到了失去余裕心，或不自觉地满抱了不留余地心时，这民族的将来恐怕就可虑。

九

1925 年 12 月 31 日，鲁迅作《华盖集》题记：

我知道伟大的人物能洞见三世，观照一切，历大苦恼，尝大欢喜，发大慈悲。但我又知道这必须深入山林，坐古树下，静观默想，得天眼通，离人间愈远遥，而知人间也愈深，愈广。

鲁迅说的是释迦牟尼在菩提树下苦思七日，终于悟出了佛理之事，以此解释《华盖集》的文章"执滞在几件小事情上"，而"贻笑于大方之家"的原因。鲁迅和周作人、梁实秋不同，他始终面对现实去抗争，而不是超然于物外，躲在象牙塔里对黑暗的社会现实和大众的悲惨生活视而不见。

十

1925 年 5 月 11 日，鲁迅作《导师》：

> 青年又何须寻那挂着金字招牌的导师呢？不如寻朋友，联合起来，同向着似乎可以生存的方向走。你们所多的是生力，遇见深林，可以辟成平地的，遇见旷野，可以栽种树木的，遇见沙漠，可以开掘井泉的。问什么荆棘塞途的老路，寻什么乌烟瘴气的鸟导师！

这也是鲁迅一生的主张，他认为青年多的是生力，遇见深林，可以辟成平地，遇见旷野，可以栽种树木，青年应该相信自己的生力。鲁迅的主张对于今天迷失方向乱认导师的青年仍然具有启示意义。

十一

1925 年 10 月，鲁迅作小说《孤独者》，其中有一段也是用树木比喻孩子：

> "如果孩子中没有坏根苗，大起来怎么会有坏花果？譬如一粒种子，正因为内中本含有枝叶花果的胚，长大时才能够发出这些东西来。何尝是无端……"我因为闲着无事，便

也如大人先生们一下野，就要吃素谈禅一样，正在看佛经。佛理自然是并不懂得的，但竟也不自检点，一味任意地说。

鲁迅的这篇小说有陀思妥耶夫斯基那样拷问心灵的搏斗。魏连殳接受"五四"新思想熏陶，有着自由独立的思想和精神，但"五四"落潮后的他绝望了，梦想和抗争回到原地。上述一段争论，从表面看是讨论孩子问题，其实争论的是"人的生存希望"何在。魏连殳认为有希望，希望在孩子，因为人的本性是好的，只是后天的环境造成了人的坏，因此有改造的可能性。"我"认为不是环境造成的，是人的本性、"根苗"就是坏的，无法改造，也就没有希望。从人的本性之根上来辩论人的生存有无希望，两种观点相互质疑，并且也没有得出结论，反映的正是鲁迅自己内心的矛盾。

十二

1925 年 11 月 22 日，鲁迅作《并非闲话（三）》：

现在还没有专门的选家时，这事批评家也做得，因为批评家的职务不但是剪除恶草，还得灌溉佳花，——佳花的苗。譬如菊花如果是佳花，则他的原种不过是黄色的细碎的野菊，俗名"满天星"的就是。

批评家是干什么的？一方面要剪除恶草，另一方面要灌溉佳花，发现、帮助、支持"无名作家的作品"，因为这类作品日渐成熟就会成长为"佳花"。鲁迅抨击了当下批评家的通病，称"文士类批评家"专是一个人的御前侍卫。

十三

鲁迅在 1926 年 2 月 27 日所作《无花的蔷薇》中引用了叔本华的名句："无刺的蔷薇是没有的。——然而没有蔷薇的刺却很多。"因为叔本华先生"忽然合于我们国度里的绅士们的脾胃了"，于是鲁迅就"夹七夹八地来称引了好几回"，但这引用是鲁迅式的引用，奉行的还是"拿来主义"，为我所用。文中也讽刺了"诗哲"徐志摩。徐志摩认为在中国，"打倒帝国主义"等是时兴的口号，鲁迅对此很是不屑，所以他说：

> "诗哲"又到西湖看梅花去了，一时也无从质证。不知孤山的古梅，著花也未，可也在那里反对中国人"打倒帝国主义"？

十四

1926 年 6 月 25 日，鲁迅作《马上日记》，说他绕到 L 君（指刘复，刘半农）的寓所前，便打门，打出一个小使来，给他吃了两次闭门羹，只好决计去访 C 君（齐寿山），仍在大毒日头底下的尘土中趱行，这回总算一路无阻，见到了 C 君，首先就要求他请吃午饭，吃饱了就讲闲话，直到五点钟。

客厅外是很大的一块空地方，种着许多树。一株频果树下常有孩子们徘徊；C 君说，那是在等候频果落下来的；因为有定律：谁拾得就归谁所有。我很笑孩子们耐心，肯做这样的迂远事。然而奇怪，到我辞别出去时，我看见三个孩子手里已经各有一个频果了。

鲁迅的《马上日记》是供发表用的日记。当年刘半农出任《世界日报》文艺副刊编辑，在江阴老乡李小峰那里偶遇鲁迅，便趁机向其索稿。为促成鲁迅供稿，两天后刘半农又专门拜访鲁迅，得到应允。不久，鲁迅的《马上日记》连续刊登在《世界日报》副刊上，除了豫序，共四篇，写得极有趣味，又处处透露出洞悉事物本质的深邃眼光。

十五

1926 年，鲁迅作《马上支日记》，7 月 1 日的一篇写道：

太阳很烈，几盆小草花的叶子有些垂下来了，浇了一点水。田妈忠告我：浇花的时候是每天必须一定的，不能乱；

一乱，就有害。我觉得有理，便踌躇起来；但又想，没有人在一定的时候来浇花，我又没有一定的浇花的时候，如果遵照她的学说，那些小花可只好晒死罢了。即使乱浇，总胜于不浇；即使有害，总胜于晒死罢。便继续浇下去，但心里自然也不大踊跃。下午，叶子都直起来了，似乎不甚有害，这才放了心。

《马上支日记》写于1926年，发表于7月、8月《语丝》周刊。鲁迅写道："政党会设支部，银行会开支店，我就不会写支日记的么？因为《语丝》上须投稿，而这暗想马上就实行了，于是乎作支日记。"所记都是生活琐事，既饶有趣味，又不乏思考。

十六

1926年7月7日，鲁迅作《马上日记之二》，引用了俄国有名的文学者毕力涅克的话："频果的花，在旧院落中也开放，大地存在间，总是开放。"

这句话来源于毕力涅克的《伊凡和马理》，由日本尾濑敬止翻译。鲁迅由此认为，"那么，他还是不免于念旧。然而他眼见，身历了革命了，知道这里面有破坏，有流血，有矛盾，但也并非无创造，所以他决没有绝望之心。这正是革命时代的活着的人的心"，用苹果的花开放在大地间比喻希望之所在。

十七

1928 年，鲁迅翻译了荷兰作家凡·伊登的经典童话《小约翰》。文中写到了地丁花：

> 小约翰终于见到了他久别的故乡和老屋，见到了曾领着他去搜访地丁花的父亲，曾在沙土上为他拼写花名的父亲，如今已是奄奄一息的弥留之际的父亲，精通医道的号码博士束手无策，旋踵而来的永终又一次尽了一个死神的天职。半梦半醒的约翰仿佛坠入了一个漆黑的无底的虚空，当他看到穿凿亮出冷光闪闪的小刀预备对遗体作病理解剖时，愤怒到了极点，便奋不顾身地与强悍的精灵搏斗。穿凿倏然消失了，只有永终还坐在床头，赞许小约翰的反抗是"正当的"。死神说："只有我能领你向旋儿去。独由我能觅得那大书。""那么，你带着我罢……"死神摇摇头，"你爱人类，约翰。你自己不知道，然而你永远爱了他们。成一个好人，那是较好的事。"永终化成一道烟霭升腾到日光里去了。约翰俯身床沿，哭着父亲。

小约翰在故乡的老屋见到曾领着他去搜访地丁花的父亲已奄奄一息，在这里，地丁花是父爱的象征。

十八

1931年5月22日，鲁迅在《一八艺社习作展览会小引》中写道：

> 中国近来其实也没有什么艺术家。号称"艺术家"者，他们的得名，与其说在艺术，倒是在他们的履历和作品的题目——故意题得香艳，漂渺，古怪，雄深。连骗带吓，令人觉得似乎了不得。然而时代是在不息地进行，现在新的，年青的，没有名的作家的作品站在这里了，以清醒的意识和坚强的努力，在榛莽中露出了日见生长的健壮的新芽。
>
> 自然，这，是很幼小的。但是，惟其幼小，所以希望就正在这一面。

一八艺社即春地美术研究所，是在左翼革命文艺思想影响下成立的，在鲁迅的倡导下，中国的新兴木刻运动最早从这个团体中发展起来。鲁迅指出，中国美术界已经出现了两种对立的美术，新生的革命美术符合时代的要求，必能由弱变强，预言"以清醒的意识和坚强的努力，在榛莽中露现了日见生长的健壮的新芽"，定能战胜那貌似强大，"连骗带吓，令人觉得似乎了不得"的内容空虚的所谓"高雅"艺术。这篇文章是中国现代美术史上具有划时代意义的重要文献。

十九

1933年1月26日，鲁迅作《赠画师》，送给日本画家望月玉成："风生白下千林暗，雾塞苍天百卉殚。愿乞画家新意匠，只研朱墨作春山。"

白下，南京的别名。殚，尽。雾和风都是暗指国民党的反动统治。意匠，匠意、匠心，指艺术巧妙的构想。朱墨，这里是指红色的颜料。

当时在国民党统治区笼罩着白色恐怖，从南京吹起来的腥风毒雾，充塞大地，笼罩山野，摧残花木。作者希望画家能匠心独运，用彤红的颜料去描绘美丽的欣欣向荣的"春山"。这首诗用高度概括的手法创造了两个对立的意境：一个是风生雾塞，林暗花残；一个则是红色的春山。表现了作者对美好前景的向往。

二十

1933年11月22日，鲁迅在《捣鬼心传》中写道：

中国人又很有些喜欢奇形怪状、鬼鬼祟祟的脾气，爱看古树发光比大麦开花的多，其实大麦开花他向来也没有看见过。于是怪胎畸形，就成为报章的好资料，替代了生物学的常识的位置了。最近广告上所见的，有像所谓两头蛇似的两头四手的胎儿，还有从小肚上生出一只脚来的三脚汉子。

大自然"捣鬼"的手段是有限的，远远比不上人的捣鬼手段。鲁迅重视花木，不过是重视生物学常识，有一分材料，说一分话。

二十一

1935年3月2日，鲁迅在《〈中国新文学大系〉小说二集序》中写道：

> 冯沅君有一本短篇小说集《卷葹》——是"拔心不死"的草名，也是1923年起，身在北京，而以"淦女士"的笔名，发表于上海创造社的刊物上的作品。

鲁迅对植物是很敏感而专业的，所以能一口说出"卷葹"是"拔心不死"的草名。

此文论及作家也向草木方向生发，比如论乃韦素园："未名社却相反，主持者韦素园，是宁愿作为无名的泥土，来栽植奇花和乔木的人，事业的中心，也多在外国文学的译述。"

紧接着论及李霁野，也是以叶脉作比："待到接办《莽原》后，在小说方面，魏金枝之外，又有李霁野，以锐敏的感觉创作，有时深而细，真如数着每一片叶的叶脉，但因此就往往不能广，这也是孤寂的发掘者所难以两全的。"

关于选辑的标准，鲁迅说："文学团体不是豆荚，包含在里边的，始终都是豆。大约集成时本已各个不同，后来更各有种种的变化。在这里，1926 年后之作即不录，此后的作者的作风和思想等，也不论。"

鲁迅把对草木的理解渗透到对文学的思考之中，入木三分。

二十二

1935 年 3 月，鲁迅为萧军《八月的乡村》作序时，有一段极富感染力的话。他留意到了萧军作品中的草木意象："作者（萧军）的心血和失去的天空，土地，受难的人民，以至失去的茂草，高粱，蝈蝈，蚊子，搅成一团，鲜红的在读者眼前展开，显示着中国的一份和全部，现在和未来，死路和活路。"鲁迅的艺术眼光是敏锐的，他并未给这部作品以过高估价，而是准确诚恳地指出其意义和价值："这《八月的乡村》，即是很好的一部，虽然有些近乎短篇的连续，结构和描写人物的手段，也不能比法捷耶夫的《毁灭》，然而严肃，紧张……凡有人心的读者，是看得完的，而且有所得的。"

二十三

1935 年 4 月 22 日，鲁迅为内山书店职员镰田诚一作墓记时，有"昊天难测，蕙荃早摧"之句。镰田诚一 28 岁早逝，晔晔青春便辞世，鲁迅以"蕙荃"做比喻，表达惋惜之意。蕙、荃皆香草名，常喻贤淑之人。

二十四

1935 年 6 月 4 日，鲁迅为《全国木刻联合展览会专辑》作序时，把木刻中的风景和静物画称作"高尚的"："曾被看作高尚的风景和静物画，在新的木刻上是减少了，然而看起出品来，这二者反显着较优的成绩。"

二十五

鲁迅对植物特别是药用植物的性状是很熟悉的。1935 年 8 月作《论毛笔之类》，写道：

> 欧洲人也聪明，金鸡那原是斐洲的植物，因为去偷种子，还死了几个人，但竟偷到手，在自己这里种起来了，使我们现在如果发了疟疾，可以很便当的大吃金鸡那霜丸，而且还有"糖衣"，连不爱服药的娇小姐们也吃得甜蜜蜜。制造墨水和钢笔的法子，弄弄到手，是没有偷金鸡那子那么危险的。所以与其劝人莫用墨水和钢笔，倒不如自己来造墨水和钢笔；但必须造得好，切莫"挂羊头卖狗肉"。要不然，这一番工夫就又是一个白费。

二十六

1936 年 1 月 28 日，鲁迅在文章中介绍了凯绥·柯勒惠支版画《凌辱》，这是有名的历史的连续画《农民战争》的第二幅。画共七幅，作于 1904 至 1908 年，都是铜刻。"男人们的受苦还没有激起变乱，但农妇也遭到可耻的凌辱了；她反缚两手，躺着，下颏向天，不见脸。死了，还是昏着呢，我们不知道。只见一路的野草都被蹂躏，显着曾经格斗的样子，较远之处，却站着可爱的小小的葵花。"

萧红回忆说，鲁迅病重时，不看报，也不看书，只是安静地躺着；但他在不断地翻看着一张小小的苏联画家的木刻画：一个穿着长裙子，飞散着头发的女人在大风中奔跑，旁边的地上是小小的红玫瑰。

鲁迅在最后的日子里反复看这幅木刻画，可见柯勒惠支的画与鲁迅的文字已经融为一体，是世界上强有力的女性艺术生命与同样强有力的男性艺术的融合，极具震撼力。这位德国女画家在鲁迅心目中，是可以与之进行对话的精神之友。

二十七

1936 年 8 月 23 日，在《"这也是生活"……》中，鲁迅说："删夷枝叶的人，决定得不到花果。"这是一个历经沧桑、复归平静的智者之言。

二十八

　　鲁迅曾对培养猴头（菇）等感兴趣，1936 年 8 月 27 日致曹靖华："红枣极佳，为南中所无法购得，羊肚亦作汤吃过，甚鲜。猴头闻所未闻，诚为珍品，拟俟有客时食之。但我想，如经植物学家及农学家研究，也许有法培养。"在这里，鲁迅又展现了他对自然科学的特殊嗅觉与敏感。20 世纪 80 年代初，浙江常山微生物厂用人工栽培的方式正式生产出山珍猴头，鲁迅的愿望实现了。

鲁迅所藏草木题材书籍

1912 年

11 月 17 日，星期休息。"午后赴留黎厂神州国光社购《唐风图》、《金冬心花果册》各一册，共银三元九角。""又往文明书局购元《马扶曦花鸟草虫册》、《马江香花卉草虫册》……各一册，又倪云林山水、恽南田水仙、仇十洲麻姑、华秋岳鹦鹉画片各一枚，共银八元三角二分。"

其中《金冬心花果册》1.40 元，《马扶曦花鸟草虫册》0.96 元，《马江香花卉草虫册》0.72 元，恽南田水仙一枚 0.08 元。

1913 年

2 月 24 日，"午后得相摸屋所寄小包二个，内《笔耕园》一册，三十五圆；《正仓院志》一册，七十钱；《陈白阳花鸟真迹》一册，一圆，并十二日发"。

1914 年

"12 月 30 日。午后至留黎厂文明书局买《文衡山手书离骚》一册，又《诗稿》一册，《王觉斯自书诗》一册，《王良常楷书论书毘语》一册，《王梦楼自书快雨堂诗稿》一册，《沈石田移竹图》一册，共价银壹元四角二分五厘。"

其中《沈石田移竹图》一册 0.35 元。

1921 年

4 月 5 日，"下午蟫隐庐寄来《毛诗草木鸟兽虫鱼疏》、《永嘉郡记》辑本、《汉书艺文志举例》各一本，共泉一元四角"。

其中《毛诗草木鸟兽虫鱼疏》新校正本一本 0.80 元。

1923 年

2 月 2 日，"午后往留黎厂买景元本《本草衍义》一部二册，二元八角"。

11 月 28 日，"下午往东亚公司买《辞林》一本，《昆虫记》（第二卷）一本，共泉五元二角"。

其中《昆虫记》（第二卷）一本 2.30 元。

1928 年

4 月 23 日，"托三弟从商务印书馆买《百梅集》一部两本，七元二角"。

1929 年

2 月 8 日，"午后往内山书店，得《草花模样》一部，赠广平"。

《草花模样》两本 8.80 元。

1931 年

12 月 23 日，"午后往内山书店买《园芸植物图谱》(二及三)两本，共泉十元"。

1932 年

1 月 12 日，"午后往内山书店买《世界古代文化史》一本，《园芸植物图谱》(第一卷)一本，共泉二十一元"。

其中《园芸植物图谱》(第一卷)一本 4.00 元。

9 月 30 日，"下午往内山书店，得书三本共泉七元三角"。包括《园芸植物图谱》(四)一本 3.60 元。

1934 年

1 月 26 日，"下午得《园芸植物图谱》一本，三元"。指《园芸植物图谱》(五)。

1934 年 10 月 31 日，"晚往内山书店买《モリエール全集》(一)、《牧野植物学全集》(一)各一本，共泉九元"。其中《牧野植物学全集》(一)6.50 元。

11 月 3 日，"午后往内山书店，得《园芸植物图谱》(六)、《王様背の中》各一本，共泉六元三角"。其中《园芸植物图谱》(六)一本 2.80 元。

1935 年

4 月 5 日，"下午内山书店送来《牧野植物学全集》内之《植物随笔集》一本，价五元"。

6月24日，"买《比较解剖学》、《东亚植物》各一本，每本八角"。

9月4日，"下午内山书店送来《チエーホフ全集》（十一）一本，二元五角；牧野氏《植物集说》（上）一本，五元"。

1936 年

5月10日，"上午内山书店送来牧野氏《植物分类研究》（下）、《近世锦绘世相史》（六）、《チエーホフ全集》（十七）各一本，共泉十一元二角"。

其中牧野氏《植物分类研究》（下）一本4.20元。另有一本《植物分类研究》（上）失记，4.00元。

9月2日，"内山书店送来《漱石全集》（六）、牧野氏《植物集说》（下）各一本，共泉五元九角"。

其中牧野氏《植物集说》（下）一本4.20元。

综上所述，据不完全统计，鲁迅购买过的草木题材书籍计有：

《金冬心花果册》，1.40元；

《马扶曦花鸟草虫册》，0.96元；

《马江香花卉草虫册》，0.72元；

《恽南田水仙》画片一枚，0.08元；

《陈白阳花鸟真迹》，1.00元；

《沈石田移竹图》，0.35元；

《毛诗草木鸟兽虫鱼疏》新校正本，0.80元；

景元本《本草衍义》一部二册，2.80 元；

《昆虫记》(第二卷)，2.30 元；

《百梅集》一部两本，7.2 元；

《草花模样》一部两本，8.80 元；

《园芸植物图谱》(一至六)，23.4 元；

《牧野植物学全集》(一)，6.50 元；

《牧野植物学全集》之《植物随笔集》，5.00 元；

《东亚植物》，0.80 元；

牧野氏《植物集说》(上下)，9.20 元；

《植物分类研究》(上下)，8.20 元。

后 记

甲、拙著着眼于鲁迅微观研究，积数年之功，以十万言勉力勾勒鲁迅与草木之关系。

乙、拙著非学术研究文章，风格类小品文，依时间顺序一一铺排，秩然成谱，故谓之"草木谱"也。

丙、草撰期间，每遇重要材料，即视若拱璧，辄完整引用，且避免引申转化，不使原义歪曲。为流畅计，仅在材料间稍作过渡、略施议论而已。

丁、引述观点材料尽力注明出处，以示不掠人之美。然亦有参阅他人之文而未注明者，实以其固为常识，或并无创见，毋须刻意为之也，希明者鉴之。

戊、插图由新疆美术摄影出版社巴哈特古丽先生绘就，工写并作，情景俱佳，为拙著增色不少。

己、拙著能付梓广西师范大学出版社，无任荣幸之至，谨向"诗想者"工作室及刘春先生、郭静女士等深致谢忱！

薛林荣

于甘肃天水城南水月寺东巷

2019 年 10 月 15 日